核のある世界とこれからを考えるガイドブック

RECNA叢書5
ISSN 2432-082X

中村桂子
Keiko Nakamura

法律文化社

はじめに

この本は、長崎大学の教養教育科目「核兵器とは何か」を受講した大学生たちとの質疑応答の中から生まれました。

ご存じのように、長崎は世界で二番目に核の惨禍を経験した街です。七五年前の八月九日、米軍のB29爆撃機が投下した一発の原子爆弾は多くの人々の命を奪い、心と体に深い傷を負わせました。爆心地からわずか五〇〇メートルの地点にあった長崎大学の前身の一つ、長崎医科大学でも多くの医学生らが犠牲となり、九死に一生を得た者たちは傷つきながらも助けを求める街の人々の救護に尽くしました。

「核兵器のある世界」に生まれた現在の若者たちに、遠い世界の出来事ではなく、「自分事」としてこの問題に向き合い、より良い未来を生み出す力を身につけてほしい。そんな思いから、核問題を多角的、主体的に学ぶ「核兵器とは何か」の科目を二〇一三年にスタートさせました。

授業を進めていく中で、「核問題になんか興味がない」という若者評は正しくないという確信を持ちました。むしろ、大学生たちの心を遠ざけてきた原因の一つは、平和や核に関するこれまでの学習で彼らがしばしば感じてきた、ある種の「押しつけ感」「閉塞感」ではないかと感じたのです。

「原爆は怖い」「戦争は嫌だ」――平和学習を通じて、こういった思いを若者が抱くことには意味があります。しかし多くの場合、若者たちは「その先」を具体的に学んだり考えたりする機会を持つに至っていません。「ではどうすればいいのか」「自分に何ができるのか」といった思いには、行き場が与えられていない。そのために、「どうせ『平和は大事』って言わせたいんでしょ」「答えが決まっているからつまらない」といった反応になってしまうのです。

過去を学ぶことはそれ自体が目的ではなく、《今》を知り、《未来》を創るための基盤づくりとして初めて活きてくるのだと思います。

核兵器の問題に「正解」はありません。環境や貧困の問題と同じ、地球的課題として、全世界の人々がまさに「人類の生存」をかけて知恵を絞り、力をあわせていくべき問題です。これほど多くの人々が「核兵器のない世界」を願っているにもかかわらず、私たちは今も「核兵器のある世界」に住み続けています。この現状を打開する道はどこにあるのでしょうか？

各章で取り上げた問いは、実際に授業の中で出されたものばかりです。それらの素朴かつ核心を突いた数々の疑問に対し、教員の側もウンウンとうなりながら、大学生たちと一緒に答えを探していったのが本書です。読者の皆さんもぜひ「正解のない問い」を一緒に考えてみてください。

二〇二〇年一月

著　者

目　次

この本の使い方

各章はQ＆Aで構成されています。興味のあるところから読んでいって大丈夫！　そこで基本的な情報を学んだら、学生キャラクターたちと一緒に「もっと考えてみよう」に挑戦してみてください。そこに「正解」はありません。皆さん一人ひとりが考えを深めていくことが目的です。さらなるギモンやモヤモヤが出てきたら、「もっと調べてみよう」を活用して、どんどん世界を広げていってください！

アジサイ　シホコ先生

〈名前の由来〉「紫陽花（あじさい）」は長崎の花です。長崎に医学を伝えたシーボルトがハイドランゼア・オタクサという名前をつけて世界に紹介しました。オタクサはシーボルトが愛した女性「お滝さん」が由来です。

学生キャラクター紹介

この本の各章に登場する学生キャラクターを紹介します。

デジマ　タロウ

〈名前の由来〉「出島」は一六三六年に長崎に築造された扇形の人工島です。鎖国時代の約二〇〇年間、日本で唯一、西欧に開かれていた貿易の窓口でした。

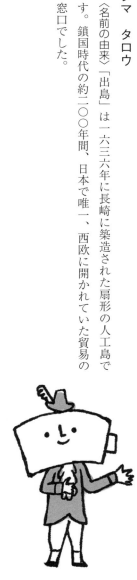

オランダザカ　ハナコ

〈名前の由来〉長崎の東山手にある異国情緒あふれる坂が「オランダ坂」です。周辺にはかつて外国人居留地がありました。

フウシャ　アキラ

〈名前の由来〉鎖国の中でも、日本は長崎を拠点としてオランダと外交貿易関係をもっていました。「風車」はオランダを象徴するものの一つです。

メガネバシ　タカコ

〈名前の由来〉「眼鏡橋」は長崎の中島川にかかる日本初のアーチ式石橋です。国の重要文化財にも指定されています。

イナサ　ジロウ

〈名前の由来〉長崎市にある標高三三三メートルの山が「稲佐山」です。ロープウェイでのぼった先には日本三大夜景の一つと称される景色が広がります。

カステラ　ヨウコ

〈名前の由来〉言わずと知れた長崎銘菓が「カステラ」です。ポルトガルから伝わった南蛮菓子をもとに日本で独自に作られたものといわれます。

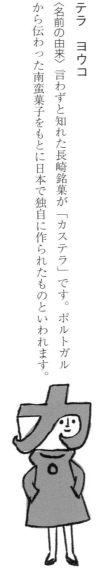

凡　例

この本で使用している核弾頭数などのデータは長崎大学核兵器廃絶研究センター（RECNA）の資料を出典としています。

第1章

核兵器とは何か

【デジマタロウさんの素朴な疑問】

核兵器ってどんな兵器なんですか？

Q1 核兵器は世界に何発あるのですか？

「核兵器をなくそう」というメッセージをよく耳にするけれど、そもそも核兵器は世界に何発あるのだろう。ニュースで見る国のほかにも、核保有国はあるのだろうか？

■世界の核弾頭数は約一万四〇〇〇発

核兵器を保有している国は、アメリカ、ロシア、フランス、イギリス、中国、インド、パキスタン、イスラエル、北朝鮮の計九カ国です。核兵器の爆発する部分を「核弾頭」と呼びますが、二〇一九年六月現在、これらの国の核弾頭の総数は、およそ一万三八八〇発になります。

もちろん、これらの数は、あくまで推定値です。核兵器に関する情報は国家の重要な軍事機密ですから、どの国も自国の核兵器について、どのような種類をいくつ持っていて、どこにどのような形で保管している、といった詳細な情報は公開しません。敵からの攻撃を受ける可能性を高めるなど、自国を危険にさらすと考えているからです。

九カ国の中でも、比較的、情報を公開して透明性を高めているのが、アメリカ、イギリス、フランスですが、それでも多くの情報が秘密のベールで覆われています。他の国々については、国から出される情報はきわめて限定的です。イスラエルに至っては、核兵器を保有しているか否かについてさえ明言し

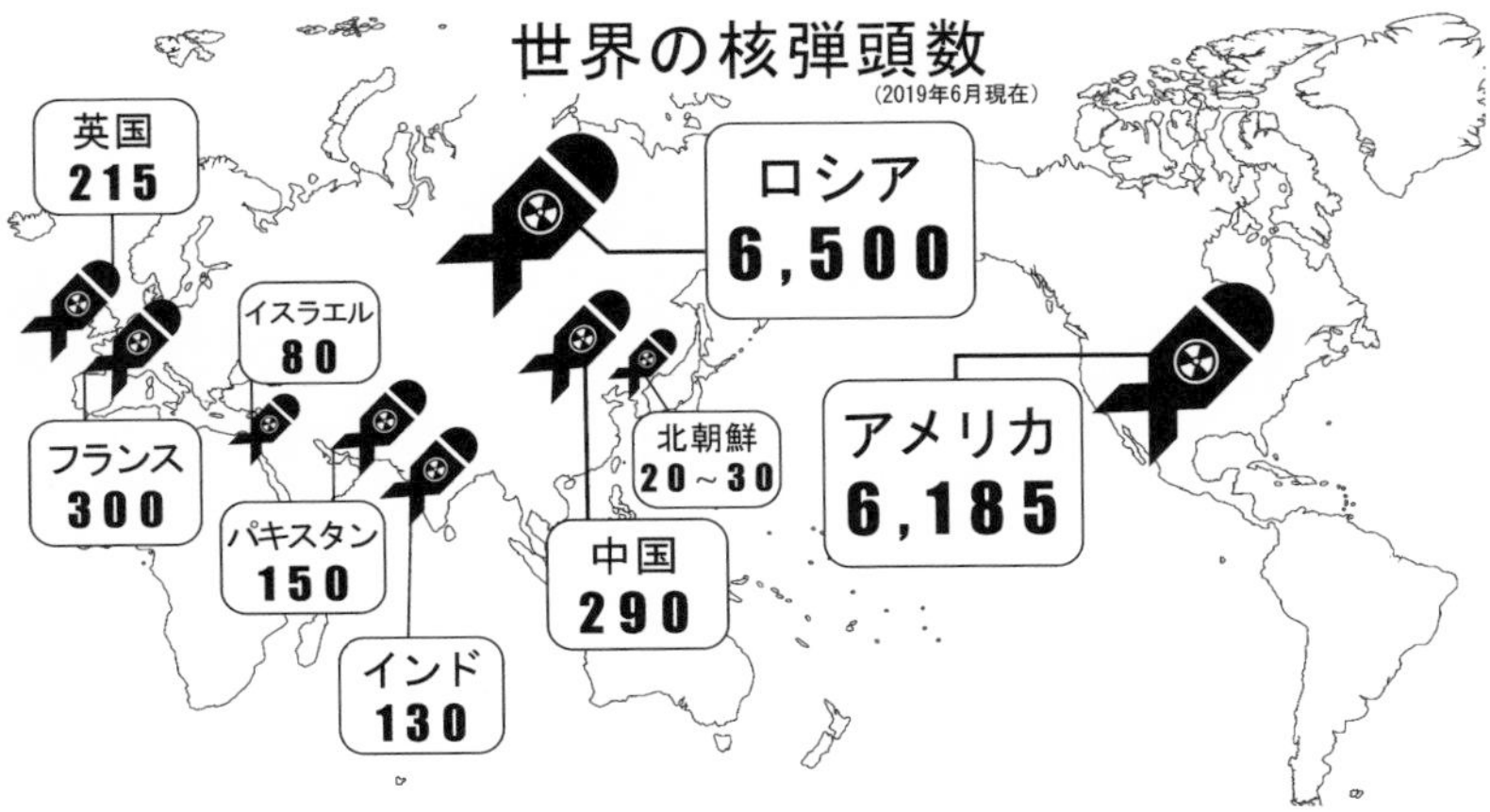

ていません（Q20「各国の核兵器はどうなっているのですか?」参照）。そこで、この問題に取り組んでいる世界中の研究者や専門機関が、さまざまな情報をもとに、各国の保有数や種類、どのような状態に置かれているかなどを推測しているのです。

■アメリカとロシアで九〇%以上

九つの核保有国の持っている弾頭数は一様ではありません。突出して大量の核弾頭を保有しているのがアメリカとロシアで、この二国だけで全体の九〇%以上を占めています。米ソが軍拡競争を続けた冷戦時代が終わってすでに三〇年が経ちますが、東西を二分していたこれら二つの超大国が、今も核兵器を盾にお互いの力を誇示し続けている構図が見えるでしょう。

その他の七カ国の保有数はアメリカとロシアに比べるとぐっと下がりますが、中国、インド、パキスタン、北朝鮮の保有数が増加傾向にあることにも注意が必要です（Q20「各国の核兵器はどうなっているのですか?」参照）。

■さまざまな種類

核兵器が人類史に登場して七〇年余り。これまでに開発されてきた核兵器は多岐にわたります。広島・長崎原爆のように爆撃機から投下する形の核爆弾の他にも、核ミサイルや核砲弾、核魚雷などが存在します。

核兵器の定義にはいろいろな議論がありますが、一般的には、爆発する部分である「核弾頭」と、それを運ぶためのミサイルなどの「運搬手段」を組み合わせたもののことを指します。核弾頭だけ完成しても、それを運搬手段に載せることができなければ、敵を攻撃することはできません。そこで、各国は技術を高めて、核弾頭の「小型化」「軽量化」を図るとともに、さまざまな運搬手段を開発してきました。

主たる運搬手段には、①大陸間弾道ミサイル（ＩＣＢＭ。射程距離五五〇〇キロメートル以上）など陸上から発射されるもの、②潜水艦発射弾道ミサイル（ＳＬＢＭ）など海洋に配備されるもの、そして③爆撃機などの航空機、の三種類があります。これらの運搬手段のどれに比重を置いているかは各国さまざまですが、海中を移動する潜水艦から発射されるＳＬＢＭは、相手に近づいて攻撃でき、発射を事前に探知されにくいことから、核保有国が開発に力を入れる傾向にあります。

Q２　核兵器は増えているのですか？

世界に一万四〇〇〇発近く核弾頭があるということだけれど、今もこの数は増えているのだろうか。それとも減っているのだろうか。

■ピーク時は七万発近く

世界で最初に核兵器開発に成功したのはアメリカです。一九四五年七月一六日、ニューメキシコ州の砂漠の町アラモゴードにある核実験場で、世界発の核爆発実験が行われました。「トリニティ」というコードネームが付けられたこの実験では、長崎原爆と同じ、プルトニウムという核物質を材料にした原爆が使われました（Q３「核兵器はどんな仕組みで爆発するのですか？」参照）。

この日から、人類は「核時代」（ニュークリア・エイジ）に入ったと言われます。核という、それを作り出した当の自分たちさえ滅ぼしかねないほどの巨大な力を人類は手にしてしまった、という畏怖の念がこの言葉には込められているように思います。

東西冷戦の激化とともに、核兵器の開発が急ピッチで進められていきます。ソビエト社会主義共和国連邦（ソ連）は、アメリカに遅れること四年、一九四九年に核実験に成功し、世界で二番目の核保有国となりました。当初はアメリカが核戦力において圧倒的優勢を誇っていましたが、ソ連も追いつけ追い

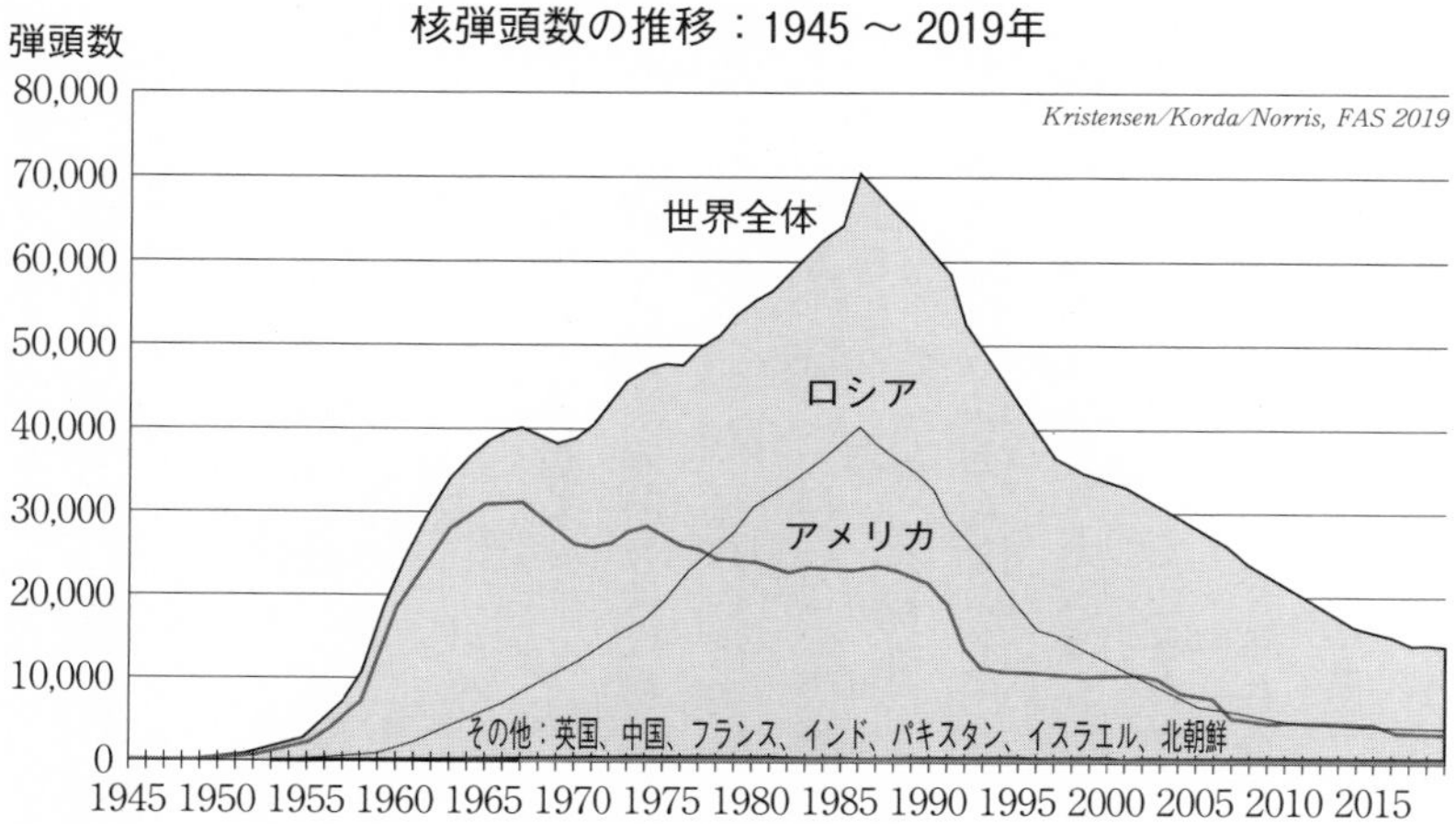

越せと核兵器開発を進め、ついに冷戦末期の一九八七年には両国あわせて七万発近い核弾頭を保有するまでになりました。

■冷戦後に大幅削減されたが…

冷戦終結以降、両国の核弾頭数は徐々に減っていきます。アメリカ、ロシアともに、現在の保有核弾頭数はそれぞれのピーク時の二割程度しかありません。

でも単純に喜べる状況ではないのです。

冷戦時代、「オーバーキル」という言葉が使われました。地球上の「生きとし生けるもの」すべてを複数回殺しうるほどの核兵器が存在することを言い表した言葉です。現在もこの「オーバーキル」状態は変わっていません。むしろ、核兵器の小型化、精密化が進み、より「使いやすい」兵器として位置付けられるようになっています。

冷戦の終結で世界の様相は大きく変わりました。しかし、「核兵器があるから安全が守られる」という核保有国の冷戦思考は変わっていないのです。

Q3　核兵器はどんな仕組みで爆発するのですか？

巨大な爆発を起こす核兵器。その力はどこから出てくるのだろう？　他の兵器とはいったいどこが違うのだろうか？

■「核」と「原子力」

〝皆さんに質問です。次の二つの言葉から連想するイメージ（単語）を紙に書いてみてください。

核　＝　？

原子力＝　？〟

授業の中でこう問いかけると、かなりの割合で、「核」の方には、「広島」「長崎」「原爆」「怖い」「死」というような言葉が並びます。一方、「原子力」の方には、「電気」「科学技術」「未来」といった言葉が多く、また、東日本大震災から数年の間は「放射能」「事故」という言葉もよく出てきました。

では、この二つの単語、英語では何というでしょう。

実は英語では二つとも同じ「nuclear」（atomic も可）なのです。核兵器は nuclear weapon、原子力発電所（原発）は nuclear power plant。でも日本語の「核」と「原子力」だと、印象がだいぶ違うと思いませんか？　これは原発が日本に導入された時代背景と深い関係があります。意図的に発電などの「平和利用」を「原子力」、「軍事利用」を「核」と使い分けることで、広島・長崎の原爆の記憶と、原発のイメージとを切り離そうという意図があった、という指摘があります。

しかし実際は、原発と核兵器は、どちらも「核分裂連鎖反応」という同じ物理現象を利用しているのです。生み出されるエネルギーを軍事的に利用したものが核兵器で、電力を得るために使っているのが原発。用途は全然違いますが、エネルギーを発生させる仕組みの点でいえば、原発と核兵器は双子のようなものです。

■ウランとプルトニウム

物質を構成している要素を原子といいますが、その原子の中心にある原子核に中性子がぶつかることで、原子核が分裂します。この際に新たに中性子が飛び出し、同時に非常に大きなエネルギーを放出します。飛び出した中性子は別の原子核にぶつかります。これを繰り返すことが核分裂連鎖反応です。膨大な数の原子核が核分裂を起こすと、大きなエネルギーが一挙に放出されます。

しかし、すべての物質が核分裂を起こすのではなく、「核分裂を起こしやすい物質」（核分裂性物質）が存在します。最もよく知られているのが、ウランとプルトニウムです。広島原爆を「ウラン型」、長崎原爆を「プルトニウム型」と呼ぶと聞いたことがあるかもしれません。異なる核分裂性物質がそれぞれの原爆の材料として使われたからです。

次に、そのウランとプルトニウムがどこからやってくるのか見てみましょう。ウランは自然界に存在します。天然のウランには、主にウラン238とウラン235という二つの種類（「同位体」と呼びます。化学的性質は似ていますが、重量が異なります）があります。ウラン235を「核分裂しやすいウラン」、ウラン238を「核分裂しにくいウラン」と呼ぶとわかりやすいでしょう。ウラン鉱山から採掘された天然ウランの状態では、「核分裂しやすい」ウラン235は全体の〇・七％しか存在しません。残りの大部分は「核分裂しにくい」ウラン238です。このままでは使えないので、「燃えやすい」ウラン235の比率を人工的に高める必要があります。この工程を「濃縮」といいます。

ウラン235の比率を三～五％に濃縮すると「低濃縮ウラン」になり、原子力発電で使う燃料になります。さらに比率を二〇％以上に高めたものが「高濃縮ウラン」です。原子爆弾の材料にする際はさらに八〇～九〇％に濃縮します。

一方のプルトニウムは、自然界には存在せず、人工的に作り出される物質です。ウラン燃料を原子炉で燃やしたときに、その一部がプルトニウムに変化します。燃やした後のウラン燃料（「使用済み燃料」）を化学処理し、ウランとプルトニウムを取り出すことを「再処理」といいます。純度の高いプルトニウムを取り出すために、核保有国では軍事用に作られた特別の原子炉を使っています。しかし、電力を供給するための原発の炉から取り出されたプルトニウムでも核兵器を作ることは可能です。

つまり、「濃縮」「再処理」という技術そのものは同じでも、発電などのための「平和利用」か、それとも核兵器の材料作りという「軍事利用」か、という使う側の目的の違いによって、生み出される結果が大きく変わってくるのです。

Q4 「原爆」「水爆」って何ですか？

広島、長崎への「原爆」投下。ビキニ「水爆」実験。過去の出来事として「原爆」「水爆」という言葉が登場するけれど、「核兵器」と何が違うのだろう？

■分裂と融合

「原子爆弾（原爆）」と「水素爆弾（水爆）」は、核兵器の種類です。この二つはそれぞれ、利用しているエネルギーの種類が異なります。

原爆は、ウランやプルトニウムの原子核が分裂するときに生じるエネルギーを利用したものです（Q3「核兵器はどんな仕組みで爆発するのですか？」参照）。

他方、水爆は、水素の原子核が融合するときに生じる強力なエネルギーを利用した爆弾です。水爆では、原爆を起爆装置に使用し、核融合するのに必要な高温・高圧な状態を作り出します。

近代的な核兵器のほとんどは、分裂と融合の両方のエネルギーを使って威力を高めています。

これまでに人類が作り出した最も強力な核兵器は、一九六一年一〇月三〇日にソ連が北極圏のノバヤ・ゼムリヤ島で爆発実験に成功した「ツァーリ・ボンバ」（「爆弾の皇帝」の意）と名付けられた水爆です。その爆発力は五〇メガトン、実に三八〇〇発もの広島型原爆を一度に爆発させたのと同じ威力を持つものでした。発生したきのこ雲は地上六〇キロメートルにも達したといわれます。

ここまで大きな爆発力を持つ核兵器は、現在どの国においても配備されていません。技術が進歩した今の世界では、冷戦時代のように核弾頭の数を増やしたり、威力を増大させたりすることよりも、核弾頭の小型、軽量化やミサイルの命中精度を上げることに核保有国の関心は向いています。さらには「可変式」といって、爆発力を上げたり下げたり調整できるような仕組みを備える弾頭も開発されています。

近代的な核爆弾の構造

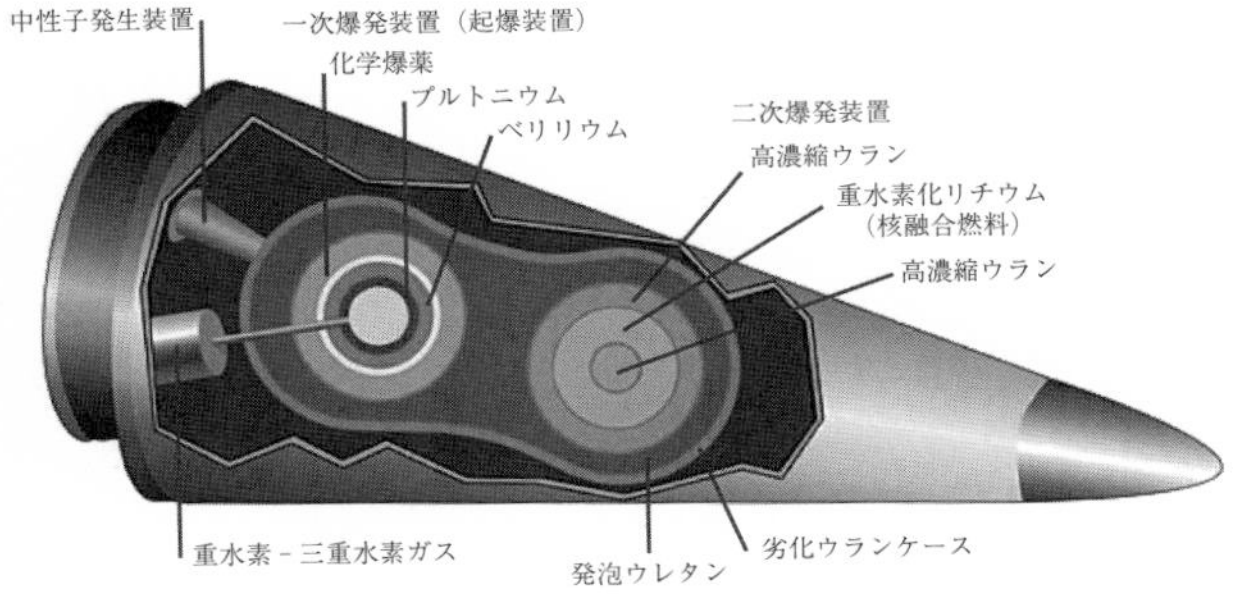

出典：ハロルド・ファイブソン他『核のない世界への提言』法律文化社、2017年、39頁

ところで、「低威力」や「小型」の核兵器というと、皆さんはどんな規模の爆発力を想像しますか？　スーツケースに入れて運び、ビルを一つ爆発させるようなイメージでしょうか？

アメリカが二〇二〇年二月に配備を発表した小型（低威力）のSLBM搭載核弾頭の爆発力は、高性能火薬に換算して五～七キロトンの爆発力に相当するとされています。広島原爆の爆発力が一五キロトン相当ですから、その三分の一から半分近くにあたります。

広島・長崎原爆がどれほどの被害を与えたかを考えてみれば、「小型」のイメージがだいぶ変わるのではないでしょうか。「小型核だったら別にいいんじゃない？」のように、言葉のイメージに惑わされないことが大事です。

Q5 いつ、誰が核兵器を作ったのですか？

核兵器はいつ頃この世界に誕生したのだろう？　何十万人もの人を殺せるような原爆を作った人たちはそのことを後悔しなかったのだろうか？

■ナチス・ドイツの脅威

一九二〇年代後半以降、原子力分野では新しい発見が相次いで生まれました。一九三八年には、ドイツの化学者オットー・ハーンとフリッツ・シュトラスマンが、核分裂の連鎖反応により膨大なエネルギーが放出されることを明らかにしました。

同じ頃、ナチス・ドイツがオーストリアを併合し、欧州では緊張が高まっていました。ヒトラーがこの新しい技術を使った兵器を先に手にすることを恐れた、ハンガリー生まれの物理学者レオ・シラードは、高名な物理学者アルバート・アインシュタインに、当時のアメリカのフランクリン・ルーズベルト大統領に対して原爆開発を進言する手紙を書くよう勧めます。

この手紙がアメリカの原爆開発の一つのきっかけになっていくのですが、アインシュタイン自身は後にこの手紙に署名したことを深く悔やんだと伝えられます（コラム「ラッセル＝アインシュタイン宣言」参照）。

さて、アインシュタインの手紙が大統領に届いた時点では、ドイツはポーランドに侵攻し（一九三九年九月）、第二次世界大戦が始まっていました。ルーズベルト大統領は「ウラン諮問委員会」を立ち上げ、原爆開発の可能性を探る研究を進めました。

一方、イギリスでも一九四〇年に原爆の可能性を探る研究が始まりました。翌四一年にはウラン濃縮による爆弾製造は技術的に可能と結論付けた報告書が出され、これがアメリカ側にも伝えられました。一九四一年一二月、日本がハワイの真珠湾を攻撃し、日本とアメリカは太平洋戦争に突入します。続いてナチス・ドイツがアメリカに宣戦布告し、戦争は世界規模へと拡大しました。

■マンハッタン計画

原爆開発に向けたアメリカの極秘国家プロジェクトである「マンハッタン計画」が本格始動したのは一九四二年八月です。計画の責任者としてレスリー・グローブス准将が任命されました。

アメリカ国内の三カ所が計画の主要拠点となりました。研究所が置かれたニューメキシコ州のロスアラモスでは、物理学者ロバート・オッペンハイマーの指揮の下、開発に向けた研究と原爆の組み立てが行われました。

テネシー州のオークリッジにはウラン濃縮施設、ワシントン州のハンフォードにはプルトニウム生産施設が建設されました。各地から優秀な科学者が集められ、研究に従事しました。最終的にプロジェクトに携わった人数は六〇万人に上ったと言います。かかった費用も当時の金額で二〇億ドルという莫大なものとなりました（Q7「核兵器を作るのにどれくらいお金がかかりますか?」参照）。こうしてわずか三年間で、アメリカはウラン型とプルトニウム型の二つの原爆の開発に成功するのです。

■攻撃対象は日本に

一九四五年五月にドイツが全面降伏しました。ナチス・ドイツを抑えるために開発を急いだ原爆でしたが、その完成を前に当初の目標を失ったのです。

しかし、この時すでに、原爆を日本に使用することは既定路線となっていました。一九四四年九月にニューヨーク州ハイドパークで行われた会談で、ルーズベルト大統領とイギリスのチャーチル首相が日本への原爆投下を決定し、アメリカ、イギリス両国が第二次世界大戦後の世界で原爆を独占していくことなどを合意していたのです（Q10「どうして広島と長崎が選ばれたのですか?」参照）。

■原爆投下に反対した科学者

ドイツの降伏を受け、マンハッタン計画に参加していた科学者からは、原爆使用はもはや不要ではないか、と声があがりました。日本の降伏を促すためであれば、デモンストレーションとして無人の地域で爆発実験を行うだけで良いといった提案も出されました。

中でも、シカゴ大学の研究所にいたジェームズ・フランクら七名の科学者が一九四五年六月にスティムソン陸軍長官宛に提出した報告書（「フランク報告」）が有名です。報告は、原爆の非人道性を指摘するとともに、第二次世界大戦後の他国への核拡散の可能性や核軍縮への悪影響まで予測して、無警告での日本への原爆使用に反対しました。

しかし、それらの訴えが取り上げられることはありませんでした。アメリカは、一九四五年七月一六日にニューメキシコ州アラモゴードで人類初の核実験を成功させ（Q14「核実験はいつ、どこで行われたのですか？」参照）、広島、長崎の原爆投下へと進んでいきました。

コラム　ラッセル＝アインシュタイン宣言

原爆の巨大な破壊力に恐れを抱き、人類の未来を憂えた科学者たちは、多くがその後の核兵器廃絶運動に身を投じていきました。

アメリカが太平洋マーシャル諸島のビキニ環礁で水爆実験を行った１年後の1955年７月、水爆の強大な破壊力を目にして、アインシュタインは、イギリスの哲学者バートランド・ラッセルと連名で、「ラッセル＝アインシュタイン宣言」を発表しました。署名に名を連ねた11名の科学者の中には、日本人初のノーベル物理学賞を受賞した湯川秀樹も含まれます。

宣言は、大量破壊兵器の開発によって人類は存続の危機に直面していると警告し、紛争解決に平和的手段を見出すよう訴えました。「あなたの人間性を心にとめ、その他のことを忘れよ」というフレーズが有名です。

この宣言をきっかけとして、世界中の科学者が核軍縮や平和の問題を議論する「パグウォッシュ会議」が設立されました。1995年にノーベル平和賞を受賞しています。被爆70年にあたる2015年には61回目となる世界大会が長崎で開催されました。

Q6　核兵器はいつでも使えるのですか？

ある映画で、大統領が核ミサイルを発射する赤いボタンを押すシーンがあった。現実の世界でもボタンがあるのだろうか？　そもそも核兵器はすぐに使えるのだろうか？

■大統領のブリーフケース

二〇一六年五月、アメリカのバラク・オバマ大統領（当時）が広島を訪問しました。その日注目を集めたのは、原爆ドームを背に感動的なスピーチを行った大統領本人だけでなく、お付きの軍人が平和公園に持ち込んだ黒皮のブリーフケース、通称「フットボール」でした。

「フットボール」には、暗号コードや核戦争マニュアルなど、大統領が核攻撃の指令を出す際に必要となる一式が入っているとされています。大統領は世界中どこにいてもおよそ一〇〇〇発の核ミサイルの発射命令を下すことができ、それらの合計威力は広島原爆に換算して二万二〇〇〇発分になるという試算もあります。

「フットボール」は二四時間三六五日、片時も大統領の傍を離れることはありません。なぜならば、核兵器使用という重大な決断を下すのに、大統領に与えられた時間はごくわずかしかないからです。

■わずか一〇分で発射可能

約一万三八八〇発の核弾頭のうち、四〇〇〇発近くが配備され、すぐに使える状態にあります。さらに、そのうち一八〇〇発ほどが、わずか一〇～一五分で発射可能な態勢に置かれています。

なぜこれほど核攻撃を急ぐ必要があるのでしょうか？　射程距離五五〇〇キロメートル以上の大陸間弾道ミサイル（ＩＣＢＭ）は、アメリカとロシアの間を約三〇分で飛びます。つまり、相手国からのミサイル飛来を探知した時点で、直ちに反撃を準備しなければ、自国の核兵器もろとも壊滅的な被害を受けてしまうかもしれません。そこで常に高い警戒態勢を維持し、いざというときに確実に報復できる準備を整えておくことが相手への「抑止力」となる、と考えられてきたのです（Q19「核保有国が保有を続ける理由は何ですか？」参照）。

■事件・事故のリスク

このように核兵器が短時間で発射可能な状態にあることは、それらが誤って使用されるリスクを高めています。事実、小さなミス、機械の故障、勘違いなどがもとで、核兵器使用の瀬戸際まで行った事例は少なくありません（Q16「核兵器の事故は起きているのですか？」参照）。

こうした危険な状態をやめることはすぐにでも可能です。核弾頭をミサイルから切り離し、別々に保管しておくことで、発射準備にかかる時間を延ばすことができます。そうした措置は、事故、事件の危険性を低めるだけでなく、核保有国間の緊張緩和にも役立ちます。しかし核保有国によるこうした危険回避の取り組みはなかなか進んでいません。

Q7 核兵器を作るのにどれくらいお金がかかりますか？

核兵器の保有国には、アメリカのような大国もあれば、北朝鮮のような小国もある。核兵器の開発や保有にはどれくらいのお金がかかるのだろうか？

■マンハッタン計画に二〇億ドル

一発の核弾頭を作るのにいくらかかるのか——しばしば聞かれる質問の一つですが、非常に答えづらい質問でもあります。

そもそも、その国がまったくのゼロから、つまり、材料となる核物質もなければ工場・実験場などの設備もないという状態から核兵器開発に着手するのか、それともすでに多くの核兵器を保有している状態で追加の一発を製造するのかで、話はまったく変わってきます。その国がすでに持っている技術力にも左右されるでしょう。また、核弾頭そのものにも、さまざまな種類や性能のものがあり、一括りにすることは困難です。

ですが、一つの参考として、アメリカの原爆開発計画「マンハッタン計画」（Q5「いつ、誰が核兵器を作ったのですか？」参照）の例を見てみることはできます。

一九四二年から四五年までの間に、マンハッタン計画に対しては、当時のレートでおよそ二〇億ドル

（一ドル一一〇円で二二〇〇億円。以下同じ）にものぼる巨額が投入されました。現在の貨幣価値に換算すると二〇〇億ドル（二兆二〇〇〇億円）を優に超える額になります。

この費用の約八割が、核兵器の材料となる高濃縮ウランとプルトニウムを製造する工場で使われたことがわかっています。

一九四五年八月の時点で、アメリカは四発の原爆の製造に成功しました。そのうちの二つが広島に落とされたウラン型原爆と長崎に落とされたプルトニウム型原爆です。単純に考えれば、四発で二〇億ドルですので、一発あたり五億ドル（五五〇億円）がかかったことになります。現在の貨幣価値にすれば五五〇〇億円超となります。

■アメリカの核予算

今の世界で、核兵器の開発や維持にどれくらいのお金がかかっているかを計算することはさらに複雑な作業を必要とします。それぞれの核保有国が核兵器のコストに関する情報を出しておらず、公開されている情報も断片的であったり、一貫性を欠いていたりします。

その中でも、核兵器の維持開発に関する数字が比較的明らかになっているのがアメリカです。アメリカの議会予算局（CBO）が二〇一九年一月に公開した報告書をもとに見ていきましょう。

アメリカは現在、オバマ政権時代に始めた核兵器システムの近代化計画を進めています（Q20「各国の核兵器はどうなっているのですか？」参照）。核弾頭、ミサイル、潜水艦、爆撃機、さらには実験施設、工場など、老朽化の進む自国の核兵器システムを一新させようという計画です。

近代化計画のための予算を含め、アメリカの核兵器およびその関連施設の運用には、二〇一九年から二八年までの一〇年間で、約四九四〇億ドル（五四兆三四〇〇億円）がかかると見込まれています。日本の国家予算全体が約一〇一兆円（二〇一九年度）ですから、この金額がいかに大きいかわかるでしょう。二年毎に同じ形の報告が出されていますが、近代化予算が膨れ上がり、またトランプ政権が新型核兵器の導入を打ち出したことを受け（Q20「各国の核兵器はどうなっているのですか?」参照）、さらに数字は上昇を続けています。

■三〇年で一兆二〇〇〇億ドル

もちろん近代化計画は二〇二八年で終わるわけではありません。二〇一七年にCBOが出した見通しによれば、核兵器システムの維持および近代化にかかる費用は、今後三〇年間で一兆二〇〇〇億ドル（一三二兆円）にも上ると予想されています。民間のシンクタンクからはこの見積もりは過小評価であるとの見解も示されています。

経済規模の小さな核保有国はいうまでもなく、アメリカのような大国であっても、国内における経済格差や貧困などは大きな社会問題です。湯水のように使われているこうした核兵器関連の予算を、もし教育、環境保全、福祉など社会インフラの整備に振り向けたなら、さまざまな社会問題の解決に貢献することができるのではないでしょうか。

Q8 核兵器が「減る」ってどういうことですか？

私たちは、何の気なしに、「核兵器を減らす」という言い方をしている。しかしそもそも、どんな状態をもって核兵器が「一発減った」と言えるのだろうか？

■一年で五七〇発の減

二〇一九年六月現在、地球上にはおよそ一万三八八〇発の核弾頭が存在すると推定されます（Q1「核兵器は世界に何発あるのですか？」参照）。その一年前、二〇一八年六月の推定合計数は一万四四五〇発でしたので、一年間で五七〇発が「減った」ことになります。この五七〇という数が多いか、それとも少ないか、という評価はさておき、どうすれば核弾頭が「減った」と数えられるのかを見ていきましょう。

■解体で「終わり」ではない

軍用任務から退役した核弾頭は、次に解体のプロセスに進みます。

世界最大の核保有国であるアメリカとロシアは、それぞれ二三八五発（保有核弾頭全体の約三九％）と二一七〇発（同約三三％）の核弾頭を「退役・解体待ち」の状態に置いています。これらは、解体を前提に保管されている退役弾頭を指します。核弾頭をミサイルなどの運搬手段に搭載したものが核兵器ですから、解体に向けた最初の工程は、核弾頭と運搬手段とを切り離すことです。次に、核弾頭は分解され、ウランやプルトニウムといった危険な核物質が取り除かれます。このように、核兵器としてもはや使えない状態にすることで初めて、「減った」と数えられるのです。

しかし、プロセスはそれで終わりではありません。安全な管理、保管に細心の注意を払いつつ、弾頭から取り除いた核物質が再び軍事利用されないような形で貯蔵・処分したり、発電目的の核燃料として再利用したりする段階に進みます。保管や解体といった一連の作業を通じて、核兵器製造に関する機密情報が外部に漏れたり、核物質がテロリストなどに盗まれたりしたら大変です。また、核汚染などが周囲に広がれば、深刻な環境問題となります。したがって、こうした作業は、核兵器製造と同じく、限られた一部の施設でしか行えず、また、多くの時間と費用も必要とします。

■広島・長崎原爆一〇万発以上

一度作られた核物質は簡単には消えてなくなりません。ウラン２３５の半減期（原子の個数が半分になるまでの時間）は七億四〇〇〇万年、プルトニウム２３９の半減期は二万四〇〇〇年です。冷戦が終結し、ピーク時には七万発近くあった核弾頭が大幅に削減されたことは歓迎すべきことです。しかし一方で、世界には引き続き大量の核物質が存在しており、とりわけプルトニウムは増加しています。

これから何百年、何千年という途方もなく長い期間にわたって、人類は、「核時代」の負の遺産である核物質を管理していく責任を負っていかなければなりません。二〇一九年一二月現在、世界には、推定一三四〇トンの高濃縮ウラン（六四キログラムを使用した広島原爆に換算して二万九四一発分）と、五二三トンのプルトニウム（六キログラムを使用した長崎原爆に換算して八万七一六三発分）の核物質が存在します。

これらすべてが核兵器に使用される危険性をはらんでいます。

■軍事用から民生用へ

次に、核物質をどのように処理するかを見ていきましょう。

高濃縮ウランの場合、希釈して低濃縮ウランとし（Q３「核兵器はどんな仕組みで爆発するのですか？」参照）、発電用原子炉で使用する核燃料として使うことが可能です。

他方、プルトニウムについても、各国の協力を通じて、同様に核燃料に変換し、アメリカ・ロシア両国の発電用原子炉で利用しようとする動きが進められてきました。しかしこうした利用は世界的にもそれほど多く行われているわけではなく、余った物質は長期貯蔵あるいは地層処分（漏れ出さないように固めて、地下深くに埋めること）するしか方法がないという現状があります。

■核兵器廃棄の国際協力

冷戦が終結し、ソ連はロシアおよび多数の独立共和国に分かれました。アメリカはそれらの国々を支援するさまざまな取り組みを開始しました。その中の一つである「協調的脅威削減プログラム」は、旧ソ連の核兵器を引き継いだロシア、ウクライナ、ベラルーシ、カザフスタンの四カ国（その後、ウクライナ、ベラルーシ、カザフスタンは核兵器をロシアに移し、非核兵器国となります）に対し、核兵器の管理・解体のための財政援助を行うというものです。また、日本を含めたその他の国々も、国際貢献の一環として、ロシアの核兵器から取り出されたプルトニウムの処分に協力しています。

もっと考えてみよう

「核兵器がなくなれば世界は平和になる？」

デジマ　タロウ

「核兵器がとてつもない被害をもたらす究極の非人道兵器だとよく分かったよ。核兵器がなくなれば世界は今よりずっと平和になる。一日でも早く実現できるといいな。」

オランダザカ　ハナコ

「うーん、核兵器がなくなれば本当に世界は平和になるのかな。むしろ今より不安定で危ない世界になってしまうんじゃない？　『核兵器のない世界』がどんな世界になるのか、ちょっと心配だな。」

デジマくんとオランダザカさんは、それぞれ自分の考えをメモにまとめてみました。これを見ながら、皆さんも一緒に考えてみましょう。

デジマくんメモ

- ✓核兵器が存在することで、各国はお互いへの不信や不安を募らせている。核兵器をなくせば信頼構築に繋がり、戦争が勃発する可能性を低めることができる。
- ✓核兵器が存在する限り、事件・事故を含め、意図しない使用のリスクに怯えることになる。核兵器をなくせばその不安はなくなる。
- ✓核兵器に費やしている多額の予算を、教育や福祉など、もっと人々のためになることに使うことができる。それは社会の安定に繋がる。
- ✓これまで人類は、たくさんの非人道的な兵器を作ってきたが、同時に、それを禁止し、廃絶する努力もしてきた。また新しい兵器ができても、その努力を続けるしかない。
- ✓人類はそこまで愚かではない。核兵器をなくすことができれば、お互いを脅しあう世界ではなく、共存していく世界に向けて一歩進めるのではないか。

オランダザカさんメモ

- ✓核保有国が核による均衡を保ってきたことで、大国間の戦争は起きてこなかった。核兵器がなくなれば大国間の大規模な戦争が起きてしまうかもしれない。
- ✓核兵器を持っている大国が睨みをきかせていることで、核兵器を持たない国における戦争の勃発が抑えられてきた。もし核保有国の力が弱まれば、各地で紛争・戦争が起きやすくなるかもしれない。
- ✓核兵器の材料や技術は残るわけだから、どこかの国がいつかまた核兵器を持つことになるだろう。
- ✓仮に核兵器がなくなったとしても、また別の強力な兵器が誕生するだろう。人類が存在する限り、兵器は作り続けられるし、戦争はなくならない。

もっと調べてみよう

核兵器の数や種類、仕組みについて

- 長崎大学核兵器廃絶研究センター（RECNA）　世界の核弾頭データ　http://www.recna.nagasaki-u.ac.jp/recna/nuclear1
- Bulletin of the Atomic Scientists　https://thebulletin.org/nuclear-notebook-multimedia/（英語）
- Federation of American Scientists　https://fas.org/issues/nuclear-weapons/status-world-nuclear-forces/（英語）
- Stockholm International Peace Research Institute, "SIPRI Yearbook 2019: Armaments, Disarmament and International Security", Oxford University Press, 2019.
- ハロルド・ファイブソン他『核のない世界への提言―核物質から見た核軍縮』鈴木達治郎監訳、冨塚明訳、法律文化社、2017年
- 山田克哉『核兵器のしくみ』講談社、2004年

核物質の量や種類について

- 長崎大学核兵器廃絶研究センター（RECNA）　世界の核物質データ　http://www.recna.nagasaki-u.ac.jp/recna/fms
- International Panel on Fissile Materials（IPFM）　http://fissilematerials.org/（英語）

原爆開発の歴史について

- 米エネルギー省（DOE）Manhattan Project Historical Resources　https://www.energy.gov/management/office-management/operational-management/history/manhattan-project/manhattan-project（英語）
- Atomic Heritage Foundation　https://www.atomicheritage.org/history/manhattan-project（英語）
- 大平一枝『届かなかった手紙―原爆開発「マンハッタン計画」科学者たちの叫び』KADOKAWA、2017年
- 山田康博『原爆投下をめぐるアメリカ政治―開発から使用までの内政・外交分析』法律文化社、2017年

第２章

核兵器による被害

【オランダザカハナコさんの素朴な疑問】

核兵器が使われたらどうなりますか？

Q9　広島と長崎の原爆はどう違うのですか？

「広島・長崎の原爆」としばしば一括りにされるけれど、両都市で使われた原爆はどのように異なるのだろう？　それぞれがもたらした被害の様子はどうだったのか。

■桁違いの破壊力

米軍撮影。広島平和記念資料館提供

長崎原爆資料館所蔵

一九四五年末までに亡くなった人の数は、両市を合わせておよそ二一万人と推定されます。一晩で一〇万人以上の死者を出した一九四五年三月一〇日の東京大空襲等を引き合いに、「広島、長崎だけが突出した戦争の被害ではない」という印象を持つ人もいるでしょう。しかし、原爆による被害には、それまでの戦争で使われた他の兵器とはまったく異なる特徴があるのです。

まずその桁外れの破壊力です。核分裂によって瞬間的に生じる莫大なエネルギーは、五〇％が爆風、三五％が熱線、一五％が放射線の形で放出されます（Q３「核兵器の爆発する仕組みはどうなっているのですか?」参照）。爆発で生まれた火球の温度は中心部で一〇〇万度を超え、地表の温度は三、四〇〇〇度に達したとされます。人間の皮膚は焼けただれて剥がれ落ち、熱線による火災が広範囲に広がりました。高温で膨張した空気はすさまじい圧力を伴う爆風となり、押しつぶされた建物の下敷きで多くの人が亡くなりました。爆風により吹き飛ばされたガラスのかけらが人々の体に突き刺さりました。

都市機能はことごとく破壊され、病院や学校なども復興までに長期を要しました。医師や看護師の多くも死亡したり負傷したりしたため、医療・救護活動は困難を極めました。

■放射線の影響

次に、原爆と、それまでの戦争で使われた兵器との決定的な違いとして、放射線を出す点が挙げられます。爆発直後に出された初期放射線は、爆心地から一キロメートル以内でそれを浴びたほとんどの人の命を奪いました。さらに、救護活動や家族の捜索などで爆心地近くに後から入った人の中には、残留放射線の影響を受けて病気になったり亡くなったりするケースが後を絶ちませんでした。

「黒い雨」という言葉を聞いたことがある人もいるでしょう。爆発後に広範囲に降り注いだ雨の中には、爆発で巻き上げられた塵やススなどとともに、放射性物質（「死の灰」）が入っていました。これが爆心地から離れたところに住む人たちにも放射能による影響をもたらしたのです。

このように、広島と長崎に使用された原爆は、私たちの想像をはるかに超える規模で、短期、中・長期にわたるさまざまな被害を与えました。原爆は、民間人と兵士との区別をつけることはできません。いったん使用されてしまえば、その殺傷能力は、子どもであろうと妊婦であろうとお年寄であろうと、一切考慮することなく無差別に牙をむくのです。

■生涯にわたる苦しみ

一九四五年八月の「あの日」をかろうじて生き残った人々も、時が経つにつれてさまざまな病気にかかるなど、原爆の影響は生涯にわたって被爆者を苦しめています。

そうした苦しみは、身体への健康被害に留まりません。目の前で家族や友人を見捨てて逃げてしまった等の罪悪感が、長年にわたって被爆者の心をさいなみ続けている、というケースも多く報告されています。また、自身の健康に対してだけでなく、血のつながった子ども、孫への遺伝的影響についての不安感を訴える人も多くいます。

さらに、被爆者に対するさまざまな差別が存在してきたことも忘れてはなりません。就業や結婚などの人生の節目において、多くの人々が被爆者であるが故のいわれなき差別を受け、人知れず苦しんできたのです。

■広島「リトル・ボーイ」

広島の原爆と長崎の原爆は、それぞれ爆発させる仕組みも、使われた材料（核物質）も異なります。それぞれの特徴を見ていきましょう。

一九四五年八月六日の朝八時一五分、アメリカの爆撃機「エノラ・ゲイ」が投下した一発の原子爆弾が広島市の上空六〇〇メートル付近で炸裂しました。

「リトル・ボーイ」と名付けられた広島原爆は、細長い砲弾型をしています。ウランが二つに分けられて配置され、それらが火薬の爆発で合体することで核分裂を起こすという仕組みです。その威力は約一五キロトン、すなわち一万五〇〇〇トン分の高性能火薬（四トン積みトラック三七五〇台分）を一度に爆発させた威力に相当します。

当時の広島の人口はおよそ三五万人です。原爆によって亡くなった人の数は、一九四五年一二月末までで約一四万人、負傷者は七万八〇〇〇人といわれていますが、この数字はあくまで推定値に過ぎません。多くの公的資料が焼失し、無数の人々が名前さえわからぬままに焼き尽くされて命を落とし、一家全滅も珍しくありませんでした。これは長崎も同様ですが、死傷者数一つをとっても被害の全容が明らかになっているわけではありません。それほど甚大な被害だったのです。

■長崎「ファットマン」

広島原爆から三日後の八月九日午前一一時二分、アメリカの爆撃機「ボックスカー」から投下された原爆は「ファットマン」と呼ばれています。広島のウランに対して、長崎型原爆ではプルトニウムを材料とした原爆が使われました。プルトニウムの周りを爆薬で取り囲み、爆発の圧力で核分裂を起こさせる「爆縮」という方法がとられています。

当時の長崎の人口はおよそ二七万人です。地上五〇〇メートル付近で炸裂した原爆により、一九四五年一二月末までに約七万四〇〇〇人が亡くなり、約七万五〇〇〇人が負傷しました。爆発威力は二一キ

広島・長崎の原爆による被害

	広島	長崎
原爆の名称	リトル・ボーイ	ファットマン
使用された核物質	高濃縮ウラン	プルトニウム
爆発威力（TNT 換算）	15キロトン	21キロトン
被爆当時の市の人口（推定）	35万人	27万人
推定死亡者数（1945年末まで）（推定）	14万人	７万4000人
負傷者数（推定）	７万8000人	７万5000人

ロトン（四トン積みトラック五二〇〇台分）の高性能火薬に相当しました。広島よりも若干大きめですが、人口や地形の差で、死傷者数は広島よりも少なくなりました。

以上は広島と長崎の被害の物理的な違いですが、このほかにも両市の歴史、文化、地形等、さまざまな違いから、原爆被害とその後の復興過程には異なる特徴があります。長崎原爆の爆心地がキリスト教徒の多く住む地区であったこともそうした要素の一つです。

Q10 広島と長崎はどのように選ばれたのですか？

日本にある無数の都市の中から、どのようにして原爆投下の目標に広島と長崎が選ばれたのだろう。他にも候補となった都市はあったのだろうか？

■一七の候補都市

原爆投下目標の候補となった日本の都市は、広島、長崎以外にもありました。原爆投下の検討作業を行ったのは、マンハッタン計画にかかわった軍人と科学者で構成する「目標検討委員会」でした。

一九四五年四月二七日の第一回会合で、一七都市が研究対象に選ばれました。東京湾、川崎、横浜、名古屋、大阪、神戸、京都、広島、呉、八幡、小倉、下関、熊本、福岡、長崎、佐世保です。選定の基準は、①一定以上の広さ（直径三マイル（約四・八キロメートル）以上）を持ち、②高度な戦略的価値を持ち（重要な軍事施設があるなど、日本が戦争を続けるために大きな役割を果たすと考えられていること）、③空爆で破壊されていない都市でした。単に重要な軍事施設や軍需工場が存在するといった理由だけでなく、投下された原爆の威力を正確に測るという目的において、条件に見合った都市が選ばれたことがわかるでしょう。

■最終候補は広島・小倉・長崎

五月一一日に開かれた第二回会合は、候補を四都市に絞りました。優先順位の高いＡＡ級として京都と広島が、次のA級として横浜と小倉が選ばれたのです。

さらに、五月二八日の第三回会議で横浜と小倉が除外され、代わりに新潟が入りました。その後、京都が外れ、小倉が再び加わります。京都が外れたのは、かつての首都であり、歴史的価値の高い文化財が集中する京都に原爆を落とすことで、アメリカに対する非難が高まり、占領政策に支障が出ると考えられたからでした。

七月二五日、トルーマン大統領は原爆投下の指令を承認しました。投下命令書には、「広島、小倉、新潟、長崎のいずれかの都市」に「八月三日頃以降の目視爆撃可能な天候の日」に「特殊爆弾」を投下することが明記されました。八月一日、広島を第一目標、小倉を第二目標、長崎を第三目標とする最終決定がなされました。

■小倉ではなく長崎に

ではなぜ小倉ではなく長崎に原爆が落とされたのでしょうか。

八月九日、小倉にアメリカのB29「ボックスカー」が近づいた際、中心部の上空にはもやがかかり、視界の悪い状況でした。投下の際には目標地点を目視で確認することが絶対条件だったため、何度か投下を試みて失敗したボックスカーは、小倉を断念して長崎に向かいます。

元々の投下目標であった長崎市中心部の上空も雲に覆われていましたが、雲の切れ間から一瞬地上が見えました。それが長崎市北部の浦上地区であったのです。

Q11 原爆の使用は「しょうがなかった」のですか？

原爆投下で戦争が終わったというのは本当なのだろうか？　広島、長崎への原爆投下はしょうがなかったということだろうか？

■五九%が原爆投下を「正しかった」

アメリカのピュー・リサーチ・センターによる二〇一五年の世論調査で、広島と長崎への原爆投下を「正しかった」と回答したアメリカ人は全体の五六%を占めました。

七五年前、原爆投下からおよそ二週間後にギャラップ社が行った調査では、原爆投下を支持するアメリカ人は八五%でしたので、肯定的な回答の割合は減ってはいます。とりわけ若い世代においてその傾向は顕著です。それでも、壊滅的な被害をもたらした原爆投下を肯定的に捉える向きが、アメリカの世論で大きな位置を占めていることには変わりありません。なぜこうした歴史認識が問題なのでしょうか。それは、広島・長崎を正当化することが、「いざという時に核兵器は役に立つ」という認識を生み、現在の核兵器保有や使用を肯定する考えにも繋がりうるからです。

■原爆投下以外に選択肢はなかった？

原爆投下のおかげで戦争が早く終結し、多数の米兵の命が救われた――これがアメリカにおける一般的な説です。これを検証する一つ目のポイントとして、日本の降伏を促す方法には、「原爆投下」「本土上陸作戦」の二つしか本当に選択肢がなかったのか、という点を見てみましょう。

本土上陸作戦を選べば一〇〇万人のアメリカ兵が犠牲になっていた、だから原爆投下に進む他なかった、というのが投下肯定側の主張です。しかし、多くの歴史家がこうした通説は歴史的事実に反すると批判しています。たとえば、米カリフォルニア大学サンタバーバラ校の長谷川毅氏は、一九四五年七月下旬に日本に対して発せられたポツダム宣言に、ソ連が対日参戦することを明記し、さらに日本の君主制存続を保証するオプションがありえたと指摘します。

また、マンハッタン計画にかかわった科学者らが主張したように、完成した原爆を無人地帯で爆発させるデモンストレーションを行うことも可能でした（Ｑ５「いつ、誰が核兵器を作ったのですか？」参照）。

■一〇〇万人は「後付け」

原爆投下によって一〇〇万もの命が救われた。これは根拠があるのでしょうか？　この数字は、原爆開発に深くかかわったスティムソン前陸軍長官の一九四七年の論文で初めて登場しました。原爆投下前、米軍は、本土上陸作戦による死者数は数万人程度と推測していましたが、戦後に原爆投下の是非が議論されるようになり、正当化のために数字がかさ上げされていったことがわかっています。

さらには、米兵だけでなく、「何百万人もの日本人の命も救った」（二〇〇七年七月、ロバート・ジョセフ米核不拡散問題特使）という言い方がされますが、こうした数字も単なる「後付け」に過ぎません。

■原爆投下は日本を降伏させた？

二つ目のポイントは、原爆投下が日本を降伏させる決定的な要因になったかどうかです。アメリカでは、広島・長崎の原爆を受けて観念した日本政府がポツダム宣言を受諾し、無条件降伏した、との説が流布しています。

しかし、原爆投下よりも、日ソ中立条約（不可侵条約）を破ってソ連が対日宣戦布告を行ったこと（一九四五年八月八日）の方が、日本の降伏決定により強い影響を与えたと結論付ける研究が出てきています。このように、日本への原爆投下を「しょうがなかった」とする説は、何重にも破綻していると言わざるを得ません。

■考えられる理由

原爆投下以外の選択肢があったのにもかかわらず、当時のトルーマン大統領はそれらを排除し、原爆投下を決定したことになります。

その理由ははっきりとはわかっていませんが、すでに述べた「自国の兵士の犠牲を少なくするため」「日本を早期に降伏させるため」といった側面に加えて、次のような狙いがあったと考えられています。

- 戦後の世界においてソ連より優位に立つため
  ライバルであるソ連に原爆の威力を見せつけ威嚇することで、第二次世界大戦が終わった後の世界における支配権を取ろうとした。
- 巨額の予算を投じた開発計画の成果を示すため

原爆開発に向けた秘密国家プロジェクトであったマンハッタン計画には、当時の金額で二〇億ドルもの巨額の予算が投入されており、完成した原爆を使用しないわけにはいかなかった。

・原爆の威力や人体への影響を調べるため

実際に人の住む都市で爆発させることによって、原爆の威力や人体への影響など、実験では得られないデータを入手しようとした。

■二発目の原爆投下は必要だった？

この三番目の点に関して、「そもそも原爆を二発も落とす必要があったのか」という疑問が出てきます。原爆が投下される前、日本ではすでに敗戦の色が濃厚に出ていました。空襲で日本中が焼かれ、戦争を長く続ける力はもう残っていませんでした。アメリカの力を見せつけ、日本に降伏を促す目的であれば一発の原爆で十分だったはず、と主張する人は少なくありません。

しかし実際には、アメリカは完成していたウラン型、プルトニウム型の二種類の原爆を使いました。この点に関して、二発の原爆投下が人体実験であったという見方がされています。

他方、人体実験であったという説に疑問を投げかける研究者もいます。二種類の原爆をわざわざ使用したというよりも、たまたま二発使用したところで戦争が終わっただけであり、そのまま戦争が継続していれば、日本に対して三発目、四発目の原爆投下があったはず、という見解です。

いずれにしても、原爆投下の決定は、多くの政治的要因と関係者の思惑が複雑に絡み合った結果といえるでしょう。

Q12 「被爆者」はどういう人を指すのですか？

広島、長崎で原爆にあった人は全員が被爆者なのだろうか？　日本以外に住んでいる人もいるだろうか？

■国の定める「被爆者」

国は、一九九四年に定められた「原子爆弾被爆者に対する援護に関する法律（被爆者援護法）」に基づき、「被爆者」を、次の四つの区分のどれかに該当し、かつ、被爆者健康手帳を所持している者、と定めています。被爆者健康手帳は原爆被爆者であることの証明で、交付を受けた人は、無料検診や医療費の減免など、国の支援を受けることができます（Q13「被爆者はどのような支援を受けてきたのですか？」参照）。

- 第一号被爆者（直接被爆者）：広島、長崎の決められた地域で被爆した者
- 第二号被爆者（入市被爆者）：二週間以内に、爆心地から約二キロメートルの区域内に立ち入った者
- 第三号被爆者（救護被爆者）：被災者救護、死体処理などに携わり、放射能の影響下にあった者
- 第四号被爆者（胎内被爆者）：上記一～三の該当者の胎児であった者

厚生労働省によれば、二〇一九年三月末現在で、全国の被爆者の合計数は一四万五八四四人。平均年

コラム　世界に通じる「ヒバクシャ」

「ヒバク」には「被爆」と「被曝」の２つの漢字があります。広島、長崎の原爆爆発による被害は前者を使います。他方、「被曝」は外部あるいは内部から放射線にさらされるという意味であり、原発事故などではこれを使っています。

国連などを舞台として核兵器廃絶を訴えてきた被爆者の努力を受けて、「ヒバクシャ」は国際語となりました。2017年に採択された「核兵器禁止条約」の前文にも登場します。さらに、「グローバル・ヒバクシャ」という言葉で、広島、長崎だけでなく、世界の核実験被害者やウラン鉱山周辺住民などを含め、核被害の実態をより大きな概念で捉えようとする試みもあります。

齢は八二・六五歳です。合計数は一九八〇年度末の三七万二二六四人をピークに減少を続け、二〇一九年に初めて一五万人を割りました。

被爆者には、日本国内に居住している人ばかりでなく、被爆した後に母国に戻った外国人や、海外へ移住した日本人もいます。厚生労働省によれば、二〇一九年三月末現在の在外被爆者は約三〇〇〇人で、韓国の韓国人、在米、在ブラジルの日本人などが多くを占めます（Q13「被爆者はどのような支援を受けてきたのですか？」参照）。

■被爆者として認められず

健康被害に苦しみ、不安を抱える被爆者たちの中には国の定める「被爆者」として認められていない人たちもいます。

長崎の場合、被爆地域として、爆心地から南北に約一二キロメートル、東西に約七キロメートルの楕円の範囲内が指定されています。半径一二キロメートルの範囲にいながらも、この地域外で被爆した人々には、被爆者健康手帳の交付が認められません。二〇〇二年、国はこれらの人々を「被爆体験者」として、医療費の一部を助成する制度を開始しました。しかし「被爆体験者」は、こうした「区別」に納得せず、被爆者援護法上の被爆者と同等の取り扱いを求めて訴訟を続けています。

広島でも、国の指定する被爆地域の外で「黒い雨」（原爆投下直後に降った、放射性物質を含んだ雨）にさらされた人々が集団訴訟を起こしています（Q13「被爆者はどのような支援を受けてきたのですか？」参照）。

Q13　被爆者はどのような支援を受けてきたのですか？

広島と長崎の原爆投下以降、被爆者を救うためにどんな仕組みが作られたのだろう？　被爆者自身は何を求めてきたのだろうか？

■被爆者の「見捨てられた時代」

当然ながら、被爆者の苦難は原爆投下のその日だけではありません。一九四五年八月十五日の終戦を迎えた後も、病気と貧困にあえぐ被爆者たちの生活は困窮を極めました。医師も対処がわからない原爆症に多くの人が苦しみ、命を落としました。

サンフランシスコ平和条約が結ばれ日本が主権を回復した一九五二年までの約七年間、日本は米国を中心とする連合軍の占領下にありました。その期間、原爆被害の状況を伝える報道や出版はもとより、健康状況などに関する学術的な研究さえＧＨＱ（連合国軍総司令部）によって厳しく制限されたのです。

そのため、被爆者の抱える健康問題や生活実態について調査や認知が進まず、被爆者援護に関する公的な制度は作られないままでした。被爆者にとってきわめて苦しい時代が続いたのです。

■援護制度は作られたが…

その後、被爆者の全国組織である「日本原水爆被害者団体協議会」（日本被団協。一九五六年設立）を中心に、被爆者援護の制度を求める運動が高まります。一九五四年のビキニ被災（Q34「日本で核廃絶の運動はいつ始まったのですか?」参照）を受けた世論の高まりが追い風となり、一九五七年に「原子爆弾被爆者の医療等に関する法律」（「原爆医療法」）が制定されました。これにより被爆者健康手帳の交付が始まり、被爆者の健康診断の実施、医療費給付等の制度が作られました。

しかしその後も、被爆者らによる改善の要求は続きます。被爆者が求め続けたのは、単なる医療面での支援拡大ではありません。原爆により身も心も深い傷を負い、社会的、経済的に壊滅的な被害を受けたことに対し、日本に国家としてきちんと責任をとること（国家補償）を求めたのです。本来ならアメリカが補償すべきですが、サンフランシスコ平和条約によって、日本はアメリカへの請求権を失っています。しかし、日本政府からは、原爆の被害も「戦争による犠牲」としてすべての国民が「等しく受忍しなければならない」との姿勢が示されてきました。国の存亡がかかわるような非常事態の中で受けた被害は皆でがまんすべき、というものです。

被爆者らの粘り強い訴えを受け、一九六八年に「原子爆弾被爆者に対する特別措置に関する法律」（「原爆特別措置法」）が制定され、健康管理手当の支給などが始まりました。

一九九四年には、「原爆医療法」と「原爆特別措置法」が一本化された「原子爆弾被爆者に対する援護に関する法律」（「被爆者援護法」）が制定されました。国家の責任に言及し、原爆が他の戦争被害とは異なる「特殊な被害」であることを認めています。しかしここでも、被爆者としての認定を狭い地域の居住者にしか認めていない、放射線による被曝の影響を限定的にしか捉えていない、といった問題が残りました（Q12「「被爆者」はどういう人を指すのですか?」参照）。

■原爆症認定を求めて

原爆の放射線が原因でがんなどの病気になり、「原爆症」と国に認定されると、月一四万円強の医療特別手当を受け取ることができる制度があります。しかし認定基準が非常に厳しいため、被爆者の中で認定された人はかつて一％にも満たない数でした。

これを不服とした被爆者は、二〇〇三年以降、各地で集団訴訟に踏み切りました。二〇〇九年八月に日本政府と被爆者団体は合意に至り、集団訴訟は終結に向かうと思われました。しかしその後も日本政府による認定申請却下が続き、被爆者の法廷での闘いは終わりを見ていません。これまで七〇名以上の判決が確定していますが、その八割以上が被爆者側の勝訴に終わっています。

二〇一三年、原爆症認定の新たな審査基準が定められましたが、認定制度の抜本的改訂を求める被爆者の要求からは大きくかけ離れたものに留まりました。原爆症認定に対する国の消極姿勢の背景には、他の戦争被害者との公平性において問題視されることに対する危惧があると見られています。

■在外被爆者をめぐる問題

広島、長崎で被爆した後、帰国した外国人被爆者や海外に移住した日本人被爆者も多く存在します。これらの人々は「在外被爆者」と呼ばれ、厚生労働省によれば二〇一八年三月末現在、約三〇〇〇人が被爆者健康手帳を所持しています。

在外被爆者に国内の被爆者と同様の援護制度が適用されるまでにも長い闘いがありました。

一九七二年に韓国人被爆者の孫振斗（ソン・ジンドウ）さんが手帳の交付を求めて起こした裁判の判決を契機に、海外在住の被爆者でも来日して申請すれば手帳が交付されることになりました。しかし一九七四年に旧厚生省が出した「四〇二号通達」と呼ばれる文書で、被爆者は「海外に居住した場合に（健康管理手当の）受給権を失う」と規定されたため、日本を離れた被爆者への支給打ち切りという問題が残りました。

二〇〇二年、韓国人被爆者の郭貴勲（カク・キフン）さんが起こした裁判で、出国後も健康管理手当を受給できる権利があることを認める判決が出されたことを受けて「四〇二号通達」が廃止され、海外からも健康管理手当等の支給申請が可能となりました。その後も、いくつかの訴訟を通じて、在外被爆者への援護制度は少しずつ見直されていきました。

現在、在外被爆者は、国籍や居住地にかかわりなく、被爆者援護法に基づく支援を国内被爆者と同様に受けることができます。しかし、そもそも在外被爆者については、その人数や健康状態等の実態についての調査が十分に行われていません。また、制度についても十分に周知されているとはいえない状況が指摘されています。

被爆者の平均年齢は八二歳を超え、高齢化が進んでいます。認定を待っている被爆者にとって、残された時間はけっして長くないのです。

Q14　核実験はいつ、どこで行われたのですか？

少し前まで、北朝鮮の繰り返す核実験が世界の注目を集めていたけれど、北朝鮮以外の核保有国も実験を行ってきたのだろうか？　それはどこで行われたのだろうか？

■「我は死神なり。世界の破壊者なり」

人類初の核実験を成功させたのはアメリカです。一九四五年七月一六日、ニューメキシコ州アラモゴードの核実験場で、「トリニティ」というコードネームの核実験が行われました。「マンハッタン計画」の集大成として行われたこの実験では、その後わずか三週間ほどで長崎に落とされた「ファットマン」と同型の、爆発力約二〇キロトンのプルトニウム型原爆が使われました（Q５「いつ、誰が核兵器を作ったのですか?」参照）。

実験に立ち会った「原爆の父」オッペンハイマー博士の脳裏には、「我は死神なり。世界の破壊者なり」というインドの古詩の一節がよぎったと伝えられます。自身が開発に携わった兵器のあまりの威力に恐れを抱いた博士は、その後アメリカの核使用に反対する立場をとったことで知られています。

この「トリニティ」実験を皮切りに、人類は己の文明さえ滅ぼしうるほどの力を持った兵器の存在する「核時代」に入っていきました。

各国による核実験（合計：2058回）

国　名	核実験の回数	核実験が最初に行われた年	核実験が最後に行われた年
アメリカ	1032	1945	1992
ソ　連	715	1949	1990
イギリス	45	1952	1991
フランス	210	1960	1996
中　国	45	1964	1996
インド	3	1974(平和的核爆発)	1998
パキスタン	2	1998	1998
北朝鮮	6	2006	2017

出典：包括的核実験禁止条約機構（CTBTO）
イスラエルの核実験については公開情報が存在しない（Q20「各国の核兵器はどうなっているのですか？」参照）

■二〇〇〇回を超える核実験

アメリカが原爆を独占した時代はあっという間に終わりを告げます。四年後の一九四九年には、ソ連が核実験を成功させて保有国となり、東西冷戦の核軍拡競争がスタートしました。それから約六〇年の間に、英国、フランス、中国、イスラエル、インド、パキスタン、北朝鮮が同じく核保有国の仲間入りを果たしました。

あらゆる核爆発実験の禁止を定めた「包括的核実験禁止条約（ＣＴＢＴ）」が一九九六年に成立するまでの間、地球上のさまざまなところで、実に二〇〇〇回を超える核実験が行われました。実験は、それが行われた場所によって、「大気圏核実験」「水中核実験」「地下核実験」に大きく分けられます。

なお、ここでいう核実験とは、実際の爆発を伴う「核爆発実験」のことを指します。核能力の維持拡大を狙った実験の中には、「未臨界（臨界前）核実験」を

世界の主な核実験場

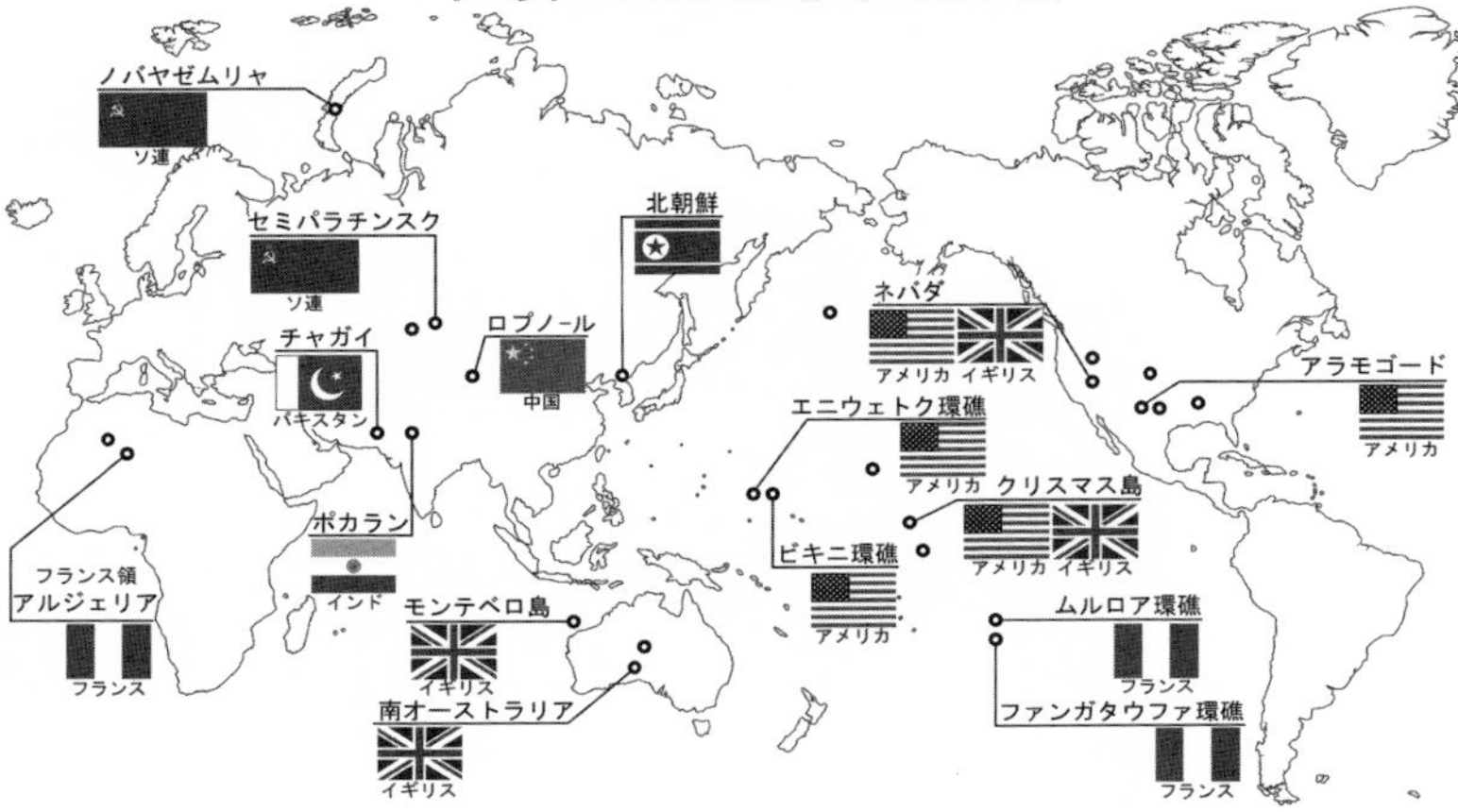

はじめ爆発を伴わないさまざまな形態のものが含まれますが、ここではそれらを数に含めていません（Q15「核実験を止めようという動きはなかったのですか？」参照）。

■世界六〇カ所以上の核実験場

これほど多くの核実験はいったいどこで実施されたのでしょうか。

各国は、世界の六〇カ所以上に核実験場を作りました。自国内のほか、核保有国が思いのままにしてきた植民地等が使われたのです。アメリカ国内では、西海岸に近いネバダ州のほか、アラスカなどでも実験が行われました。一方、威力の大きい水爆実験のほとんどは、マーシャル諸島など南太平洋の島々に建設された実験場で行われました。

フランスとイギリスはともに自国内で実験を行っていません。フランスの実験は植民地として支配下にあったアルジェリアのサハラ砂漠や南太平洋のポリネシアで、イギリスの実験は主に英連邦の一員であるオーストラリアで行われたのです。

ソ連は、現在のカザフスタンに位置するセミパラチンスクに巨大な核実験場を作りました。また、北極に近いノバヤ・ゼムリャでも実験が繰り返されました。世界最大の核実験、広島原爆の三八〇〇倍の爆発威力といわれる「ツァーリ・ボンバ（爆弾の皇帝）」と呼ばれる水爆実験が行われたのもこの場所です（Q４「「原爆」「水爆」って何ですか？」参照）。

中国の場合は、新疆ウイグル自治区のロブノールが核実験場に使われました。

■なぜ核実験を行うのか

核実験を行う目的としては、まずは技術的な面が挙げられます。実験を繰り返すことで、より確実に、狙い通りの破壊力を持った核爆発になるよう、技術の向上が目指されます。また、核爆発がどのような効果をもたらすかのデータも集められます。

加えて、核実験を行うことには、政治的な狙いもあります。核実験の成功を公表することで、自国の核能力がどこまで進んだかを国際社会に誇示できます。これによって他国の動きを牽制する「抑止効果」が期待されるなど、政治的なメッセージを送ることになるのです。

また、国際社会の反発を押し切って核実験を強行することは、「強い指導者」「強い政権」といった国内向けのアピールにもなります。とりわけ国内の政情が不安定な場合、こうした行動が反対勢力をおさえ、現主導体制の維持強化に繋がると考えられているのです。

Q15　核実験を止めようという動きはなかったのですか？

世界中で多くの核実験が繰り返されたのであれば、人間や環境に大きな影響があったのではないだろうか？　核実験中止に向けて世界はどう動いたのだろうか？

■さまざまな影響

一九四五年から現在に至るまで、二〇〇〇回を超える核実験が行われてきました（Q14「核実験はいつ、どこで行われたのですか？」参照）。実験の舞台となったのは、人口が密集する都市から離れた辺境地域や砂漠地帯、サンゴ礁の島々などでしたが、それはけっして「被害はなかった」ということではありません。

爆発によってまき散らされた放射性降下物（「死の灰」）は、広範囲、長期にわたって多種多様な被害を周辺の環境とそこに住む人々に与えてきました。がんや白血病、先天異常の発生率の増加など、被曝による身体への悪影響だけでなく、実験場建設のための強制的な移住や生活環境の変化が伝統文化やコミュニティの破壊をもたらしたことも深刻な問題です。

■大国に翻弄される「弱者」

核実験場の多くが、大国の支配下に置かれた植民地や、少数民族・先住民族の居住地域に建設されました。人々の多くが十分な情報を与えられず、中央政府に対し反対の声をあげる術を持ちませんでした。被害に対する補償も十分になされていません。広島、長崎と同じく、そうした苦難は過去の話ではなく、現在に至るまで継続しています。しかし調査自体が不十分な地域も多くあり、各地の被害状況はすべて明らかになっていません。

被曝による深刻な影響は、核保有国の人々にも見られます。核実験の際には、多くの兵士が防護装置なしで爆心地の近くに配置されることがありました。意図的に被曝させ、放射能の人体への影響が調査されていたことが明らかになっています。また、核実験場の風下に位置する地域の住民にもさまざまな健康被害が存在することが知られています。

■「部分的な」核実験禁止へ

一九五〇年代に入り、核実験の深刻な健康被害が知られてくると、それに反対する動きも広がっていきました。それが一九六三年の「部分的核実験禁止条約（ＰＴＢＴ）」締結に繋がります。「部分的」というのは、ＰＴＢＴが大気圏、水中での核実験のみを禁止し、地下核実験を禁止していないことに由来します。大気圏、水中核実験に比べ、地下トンネルを掘ってそこで爆発させる地下核実験は「より安全」とされているからです。しかし放射性物質を完全に封じ込められるわけではなく、地下を含めたあらゆる核爆発実験の包括的な禁止を求める声は徐々に高まっていきました。

核実験の禁止は、核実験がもたらす人体や環境にこれ以上の悪影響が広がることを食い止めるために急務とされました。

しかし禁止の意義はそれだけではありません。核実験禁止は、核不拡散と核軍縮の重要な一歩です。一国が新たに核兵器を開発する際に、核実験は必須のプロセスです。世界中で核実験禁止の規範が強まり、監視の目が厳しくなれば、新しい国が核兵器開発に進むハードルが高くなるのです。

加えて、すでに核兵器を保有している国に対しても、核実験禁止はさらなる核戦力増強に一定の歯止めをかけることができます。しかし、技術革新により、現在の核保有国の多くが、核爆発を伴わない形での核実験を通じて核戦力増強を企てていることに注意が必要です。

■CTBT発効が急務だが…

一九九六年、地下核実験を含むあらゆる形の核爆発実験を禁止する国際条約が成立しました。「包括的核実験禁止条約（CTBT）」といいます。条約の独自機関であるCTBT機関（CTBTO、ウィーン）が設立されています。

CTBTには、二〇二〇年一月末現在までに一八四カ国が署名、一六八カ国が批准（議会において承認すること）しています。しかし、条約が成立して二〇年以上経ったにもかかわらず、未だに発効（一定の条件を満たし、条約が効力を持つこと）できていない、という問題を抱えています。

CTBTの発効には、原子炉の技術を持つ四四カ国すべてが批准することが必要です。しかし、四四カ国のうち八カ国の批准が済んでいません（二〇二〇年一月現在）。署名済みであるものの批准していない国は、中国、エジプト、イラン、イスラエル、アメリカの五カ国。署名も批准もしていない国が、北朝鮮、インド、パキスタンの三カ国です。いずれの国も他国の消極姿勢を「言い訳」に、自らの姿勢を変えようとしておらず、ＣＴＢＴ発効の見通しは厳しいままです。

■ＣＴＢＴの「抜け穴」

未発効ではありつつも、ＣＴＢＴは核実験に対する世界的な「監視網」の構築という重要な役割を担っています。これを「国際監視制度（ＩＭＳ）」といいます。地震波や水中音波の計測など四種類の異なる手法を使って核実験を探知する監視観測所が、世界の三〇〇カ所以上に網の目のように配置されています。これにより、現在においては、地球上のどこで核爆発実験が行われても、いつでもそれを探知することが可能となりました。

ＣＴＢＴが成立したことで、核実験禁止は国際社会の規範として根付いてきました。しかし、条約には大きな「抜け穴」があることも指摘されています。核保有国が継続的に実施している核爆発を伴わない「未臨界（臨界前）核実験」やコンピューターシミュレーションなどの実験は、それが核兵器の維持・開発に関連したものであっても、ＣＴＢＴでは明確に禁止されていません。一方、これらの実験は条約の精神に違反するものであるとして、広島市、長崎市など市民社会からは、中止を求める声が繰り返しあがっています。

Q16　核兵器の事故は起きているのですか？

核兵器は安全に管理されているとは思うけれど、本当にそうなのだろうか？　過去に核兵器が誤って使われそうになった事件や事故はあるのだろうか？

■「世界を救った男」

元ソ連軍中佐で、二〇一七年に七七歳で亡くなったスタニスラフ・ペトロフ氏は、「世界を救った男」と呼ばれています。一体なぜでしょう？

一九八三年九月二六日の深夜のことです。ペトロフ中佐が当直をしていたモスクワ近郊の指令所に、ミサイル攻撃を知らせる警報が鳴り響きました。アメリカから一発の核ミサイルが発射され、モスクワに向かっているというのです。ミサイルが着弾するまで三〇分弱しかありません。警報は次々に繰り返され、ついにミサイルは五発となりました。

中佐は所定の手順に従い、警報が何かの間違いでないことを確かめました。システムに問題はなさそうです。任務に忠実にいくのであれば、すぐさま上官に報告しなければなりません。それはアメリカに対し、ソ連から核ミサイルによる反撃が行われることを意味しました。

しかしペトロフ中佐は、これを監視システムの誤作動と考え、上官に報告をすることはありませんでした。そして彼の直感は正しかったのです。アメリカからのミサイル発射の警報は、システムの故障によるまったくの誤報でした。ペトロフ中佐の一瞬の判断がもし異なるものだったら、ソ連側から核ミサイルによる報復攻撃が行われ、世界中を巻き込んだ米ソの核戦争が始まっていたかもしれないのです。

■訓練用テープで警報システムが作動

誤作動などで引き起こされた「あわや」の事態は、アメリカでも起こっています。一九七九年一一月九日、アメリカとカナダが共同運用し、核ミサイルなどの発射を監視する北米航空宇宙防衛司令部（NORAD）が、ソ連からアメリカに向けて発射された二二〇〇発の核ミサイルを探知しました。アメリカ軍はすぐさま核兵器を積んだ爆撃機をソ連に向けてスクランブル発進させ、最高度の警戒態勢に入りました。あとは核攻撃開始の指令を待つばかり、となった時、これがまったくの間違いであることが判明したのです。原因はなんと、ソ連からの核攻撃を想定して作られた訓練用テープが何らかの手違いで流れ、警報システムが作動してしまったことでした。

■重大な核事故は沖縄近海でも

一九六五年一二月五日のベトナム戦争時のことです。アメリカの空母タイコンデロガは、ベトナム沖から神奈川県横須賀基地に向かう途中、奄美群島の喜界島沖南東約一五〇キロ海域を航行していました。その時、爆発威力一メガトン（広島原爆の約六七倍に相当）の水爆一発を搭載した攻撃機がパイロットを乗せたまま誤って海に転落、水没するという事故が起きたのです。この水爆は未だに回収されていません。事故が明らかになったのは実に二四年が経った一九八九年になってからでした。

同じく、本土復帰前の沖縄で起きた別の重大な核事故も、詳細が明らかになったのは事件から半世紀以上経ってからでした。一九五九年六月一九日、現在の那覇空港にあたる米軍基地で、当時沖縄に配備されていた核弾頭搭載のミサイルが誤って海に向かって発射される事件があったことをＮＨＫが二〇一七年にスクープしました。幸運にも核弾頭は爆発せず、米軍によって回収されたといいます。「核爆発を起こしていたら那覇が吹き飛んでいた」という元米兵の証言も伝えられました。

■人類は「幸運」だった

ここに挙げた例は、冷戦時代とその後に起こった核兵器関連の事件・事故の一部にしか過ぎません。事件・事故の調査研究に携わってきた研究者やジャーナリストたちは、「人類は〈たまたま〉幸運だったに過ぎない」と口を揃えていいます。確かに、これまでの「核時代」の歴史の中で、機械の故障、人為的なミス、誤解や誤算などが原因で核戦争が勃発したことはありません。しかしそれは単なる「幸運な偶然」がもたらした結果ともいえるのです。これから先、二人目のペトロフ中佐が出てくる保証はどこにもないのです。

冷戦が終わった現在でも、アメリカとロシアを中心に、多くの核ミサイルがいつでも発射できる高い警戒態勢に置かれています（Ｑ６「核兵器はいつでも使えるのですか？」）。私たちは偶発的な事故等で核兵器が使用される危険性と隣り合わせに生活しているのです。

Q17 今の世界で核兵器が使われたらどうなりますか？

〈広島・長崎の時代〉よりもはるかに強力となった核兵器が使われたら、その影響はどれほどのものになるだろうか？

■一メガトン水爆で三七万人が死亡

高層ビルが立ち並ぶ近代的な都市で核兵器が使われてしまったら――。そうした被害予測の一つに、放射線医学、物理学、防災などの専門家に外務省が委託した研究成果をまとめた「核兵器使用の多方面における影響に関する調査研究」（二〇一四年）という報告があります。

ここでは、人口一〇〇万人の都市を想定し、①広島原爆を想定した一六キロトンの原爆で攻撃された場合と、②その約六〇倍の威力を持つ一メガトンの水爆が爆発した場合について、どのような影響がもたされるかが検討されました。

今の世界で実際に核保有国が配備している核弾頭の多くは、広島原爆の数倍から数十倍の威力を持っており、一六キロトンは「小型」の範疇です。また、アメリカの配備弾頭で最大となるB83核弾頭は一・二メガトンですから、一メガトンの爆発は現実的な想定といえます。

二つのケースのいずれにおいても、一九四五年の広島、長崎の被害をはるかに超える人的被害、都市機能の破壊、経済的損失がもたらされる、という結果が示されました。短期的な被害として、一六キロトン原爆では六万六〇〇〇人が死亡、二〇万五〇〇〇人が負傷し、一メガトン水爆では三七万人が死亡、四六万人が負傷するというものです。なお、中長期的な放射性障害などでの死亡者の推計は困難とされ、この数字には含まれていません。七五年前と異なり、鉄筋コンクリートの建物などによる防護効果がある一方、高層ビルからの避難などの困難さも指摘されました。

■始まりはたった一発の小型核でも

もう一つ忘れてならないのは、核兵器使用はエスカレートする、という点です。

二〇一九年九月、米プリンストン大学の研究者らが、一発の小型核兵器の使用が引き金となって米ロの全面核戦争が起きた場合、ほんの数時間のうちに死者は三四〇〇万人、負傷者は五七〇〇万人を超えるとのショッキングな予測を明らかにしました。「プランA」と名付けられたこのシミュレーションは、実際の米ロ両国の核兵器の配備状況や戦争計画、標的などの情報に基づいて作成されたものです。

このシナリオは、欧州における戦争に始まります。ＮＡＴＯ軍と米軍の動きを阻止しようとロシアが小型核一発で警告的な核攻撃を行い、ＮＡＴＯが報復的な核攻撃をロシアに対して行うことで核戦争が始まります。やがて戦争は欧州から米ロの領土全体に拡大し、最終的には両国の経済の中心地である三〇の大都市をそれぞれ五〜一〇発の核兵器が襲います。

核保有国はこれまで、「核兵器を使用したとしてもエスカレートさせずに限定できる」と繰り返し主張してきました。しかしこのシナリオを作成した研究者らは、「限定的な」核戦争など存在しないと断言しています。

■「局地的」核戦争で二〇億人が飢餓

甚大な被害を及ぼすのは、米ロによる全面核戦争に限った話ではありません。近年の研究では、たとえ「局地的」な核戦争であっても、グローバルな気候変動と、それによる大規模な飢餓が生じる可能性が指摘されています。

冷戦時代、米ソによる全面核戦争で一万発の核兵器が使用されれば地球規模の気候変動が起き、「核の冬」がやってくるという予測が行われていました。

二〇一三年に国際NGO「核戦争防止国際医師会議（IPPNW）」が発表した研究報告「核の飢餓」は、はるかに小規模な「局地的」核戦争が起こった場合でも、同様の被害がもたらされ、実に世界人口の四分の一にあたる二〇億人が飢餓の危険にさらされうることを明らかにしました。

このシナリオは、隣国同士で核兵器を保有するインドとパキスタンが、それぞれ広島原爆相当で五〇発ずつの核兵器をお互いに使用すると仮定します。爆発により巻き上がった粉塵が最大一〇年にわたって気流に乗って地球を覆い、太陽光線を遮蔽し、気温の低下など大規模な気候変動をもたらします。その結果、地球上の各地で食糧生産が壊滅的な打撃を受け、二〇億人が飢餓で命の危険にさらされる、というものです。

カシミール地方の領有権をめぐって対立を続けるインド、パキスタンですが、二〇一九年には軍事的緊張が高まる場面が続きました。南アジアの地で核兵器が使用されるというのは決して荒唐無稽な想定ではなく、極めて現実的なものといえるでしょう。

■「核戦争に勝者はいない」

以上見てきたようなシミュレーションの結果はいずれも、核兵器がいったん使用されてしまったら、広範囲に、また長期間にわたって、私たちの想像をはるかに超えるような大規模で複合的な被害を及ぼしうることを示しています。

「核戦争に勝者はなく、決して戦ってはならない」――これは一九八五年の米ソ首脳会談で、当時のアメリカのレーガン大統領とソ連のゴルバチョフ書記長が共同声明に盛り込んだ言葉です。こうした信念が、その後の核軍縮の流れに繋がっていったことはいうまでもありません。「小型」や「低威力」などの「限定的」な核使用の可能性がチラつかされる現在においてこそ、この言葉の意味を振り返る必要があるでしょう。

Q18 核テロが起きる可能性はありますか？

世界の各地で日常的に起こっているテロリズム。核テロが起こる可能性もあるのだろうか？ これらを防ぐための手立てはあるのだろうか？

■可能性はゼロでない

「核兵器を手に入れたテロリスト集団が、人口の密集する都市でそれを爆発させると脅す声明を発表しました」――幸運にも、現在まで私たちはこのようなニュースを耳にしていません。しかしこれから先、そうした事件が起きる可能性は誰にも否定できないのです。

アメリカの九・一一同時多発テロ以降、テロの脅威は国際社会の大きな課題となってきました。なかでも核テロは、想定される被害の規模や範囲において、通常のテロ行為の比ではありません。

そこで、こうした核テロを起こさせないよう、事前にさまざまな策を講じておくことがきわめて重要だ、という意識が広がってきました。そうした考え方を「核セキュリティ」と呼んでいます。核セキュリティを高めるべく、関連条約の締結やサミット開催など、さまざまな国際的な努力が進められています。

■核テロとは何か

まずは核テロとは何かを見ていきましょう。

国際原子力機関（ＩＡＥＡ）は、想定される核テロとして次の四つを挙げています。

1. 核兵器そのものを盗むこと
2. 高濃縮ウランやプルトニウムなどの核物質を盗んで核爆発装置を製造すること
3. 放射性物質を盗み、それを発散させる装置（＝ダーティボム［汚い爆弾］）を作ること
4. 原子力施設や、核物質を運ぶ輸送船などに対する破壊行為をすること

テロリスト集団が、完成した状態の核兵器を盗んで使うという可能性は、もちろんそれを否定することはできませんが、比較的低いと考えられます。より現実的なシナリオは、そうした集団が不法に手に入れた核物質を使い、自分たちで核爆発装置を組み立てることです。さらに可能性の高いものとしては、放射性物質を使った「ダーティボム」（核爆発は起こさないが、放射性物質を拡散させる爆弾）の使用が考えられます。実際、ＩＡＥＡのデータベースを見ると、危険な核物質や放射性物質が不法に所有あるいは輸送された事例が、毎年数多く報告されているのです。

■安全策は十分ではない

核爆発装置を作るためには、高濃縮ウランかプルトニウムといった核物質が必要です（Ｑ３「核兵器はどんな仕組みで爆発するのですか？」参照）。

一発の核爆発装置の製造に必要となる核物質の量を「有意量」といいます。ＩＡＥＡによれば、高濃

縮ウランで二五キログラム、プルトニウムで八キログラムです。技術的に高度な設計の場合は、高濃縮ウラン一二キログラム、プルトニウム四キログラム程度でも核爆発装置は作ることができるといわれています。

こうした核物質は世界中に存在します（Q３「核兵器はどんな仕組みで爆発するのですか？」参照）。しかし、それぞれの国の状況や施設の置かれている環境などにより、必ずしも十分な安全対策がなされているわけではありません。

これは、解体された核弾頭から取り出された大量の兵器級プルトニウムと高濃縮ウランを保有するアメリカやロシア（Q８「核兵器が「減る」ってどういうことですか？」参照）などに限った話ではなく、プルトニウムの備蓄を多く持つ日本も、核テロの現実的な脅威にさらされているのです。

加えて昨今、注目されているのがサイバーテロの脅威です。核兵器を指揮管理しているシステム等にサイバー攻撃がなされ、核使用に繋がる可能性も日々高まっているといえます。使用可能な核物質がこの世界に存在する以上は、核テロを未来永劫にわたって一〇〇％防ぐ方法はないのです。

安全対策を進めることは当然として、何より大事なことは核兵器とともに核物質を新しく作らず、減らす努力を加速させること、これに尽きるのではないでしょうか。

もっと考えてみよう

「もし自分が科学者だったら？」

オランダザカ　ハナコ

「原爆開発にかかわった科学者たちの中には、科学者としての社会的責任から、プロジェクトを途中で辞める決断をした人もいたんだって。もし私たちが科学者で、同じような立場に立たされたとしたらどうするかな。その兵器を使えば早く戦争を終わらせることができる、大勢の自国の兵士の命を救うことができる、といわれたら、私はプロジェクトに残るだろうな。」

フウシャ　アキラ

「難しい選択だけれど、僕はその科学者と同じに、辞める決断をすると思う。たとえそれが戦争中だとしても、大勢の人の命を奪った兵器を作ってしまったことを一生後悔し続けるなんて耐えられない。せっかく一生懸命勉強して科学者になったのだったら、科学の力を人のために役立てたいよ。」

オランダザカさんとフウシャくんは、それぞれ自分の考えをメモにまとめてみました。これを見ながら、皆さんも一緒に考えてみましょう。

オランダザカさんメモ「辞めないと思う」

- ✓もし辞めたら、周りの人々から「国家の裏切り者」として厳しく非難されるだろう。逮捕されるかもしれないし、家族や友人にも危害が及ぶかもしれない。
- ✓科学者としての将来が絶たれ、やりたい研究もできなくなるかもしれない。
- ✓その時代の空気の中では、「その兵器を使えば早く戦争を終わらせることができる」「大勢の自国の兵士の命を救うことができる」と政府の人に言われたらそれを信じただろう。
- ✓自分一人が反対しても、結局その兵器は作られることになる。抵抗しても無駄だ。

フウシャくんメモ「辞めると思う」

- ✓自分が開発にかかわった兵器が罪のない大勢の人の命を奪ったら、きっと一生後悔するだろう。
- ✓どんな理由があろうと、科学が悪用されるべきではない。
- ✓自分自身にも、家族にも、誇れる仕事をしたい。
- ✓兵器を作ることが平和に繋がるとは信じがたい。新しい兵器が作られれば、軍拡競争が進み、世界はもっと不安定になる。
- ✓自分が声をあげれば、同じように考えている仲間が出てくるだろう。

もっと調べてみよう

広島・長崎原爆の被害について

- 広島市　原爆・平和　http://www.city.hiroshima.lg.jp/www/genre/1001000002088/index.html
- 長崎市　平和・原爆　https://nagasakipeace.jp/japanese.html
- 広島平和記念資料館　http://hpmmuseum.jp/
- 長崎原爆資料館　https://nabmuseum.jp/
- 国立広島原爆死没者追悼平和祈念館　https://www.hiro-tsuitokinenkan.go.jp/
- 国立長崎原爆死没者追悼平和祈念館　https://www.peace-nagasaki.go.jp/

核実験、核事故、核テロについて

- 包括的核実験禁止条約機関（CTBTO）　https://www.ctbto.org/（英語）
- 木村直人『核セキュリティの基礎知識―国際的な核不拡散体制の強化と日本のとるべき対応』日本電気協会新聞部、2012年
- 竹峰誠一郎『マーシャル諸島 終わりなき核被害を生きる』新泉社、2015年
- 松岡哲平『沖縄と核』新潮社、2019年
- エリック・シュローサー『核は暴走する　上下―アメリカ核開発と安全性をめぐる闘い』布施由紀子訳、河出書房新社、2018年

被爆者、在外被爆者について

- 厚生労働省　原子爆弾被爆者対策　https://www.mhlw.go.jp/stf/seisakunitsuite/bunya/kenkou_iryou/kenkou/genbaku/index.html
- 日本被団協　http://www.ne.jp/asahi/hidankyo/nihon/
- 伊藤直子他『被爆者はなぜ原爆症認定を求めるのか』（岩波ブックレット）岩波書店、2006年
- 平野伸人『海の向こうの被爆者たち―在外被爆者問題の理解のために』八月書館、2009年

原爆投下とアメリカについて

- 長谷川毅『暗闘―スターリン、トルーマンと日本降伏』中央公論新社、2006年

第3章

核保有国と世界

【フウシャアキラさんの素朴な疑問】

なぜ核兵器を持っている国があるのですか？

Q19　核保有国が保有を続ける理由は何ですか？

そもそもどうして核保有国は核兵器を持ちたがるのだろう。他の兵器ではダメで、核兵器でなければならない特別な理由があるのだろうか？

■キーワードは「核抑止」

二〇一八年二月、アメリカのトランプ政権は、自国の核兵器に対する基本的な考え方を示した「核態勢見直し（ＮＰＲ）」と題する文書を発表しました。その冒頭、ＮＰＲは、アメリカの「核政策および戦略の最優先課題」が「潜在的な敵対国によるあらゆる規模の核攻撃の抑止」であると記しています。言い換えれば、アメリカが核兵器を持つ最大の理由は、核兵器を持っている他の国がアメリカを核攻撃することを抑止するため、といっているのです。

実は、この「抑止力」という概念こそ、核を持つ国の姿勢を考える上で最も重要なキーワードです。

■日常生活にある「抑止」

抑止という考え方そのものは、私たちの日常のさまざまな場面に登場します。たとえば飲酒運転に対する厳罰化があります。数十年前に比べて飲酒運転に対する罰則はずっと厳しくなりました。最近は飲酒運転による死亡事故が減少していますが、これはそうした施策の効果であると考えられています。

大学の授業でも、「毎回出席をとり、三回欠席すれば単位はあげない」講義と、「出席はとらず、来るか来ないかは学生の自由」の講義では、毎回の出席率も必然的に違ってきます。

つまり、「〇〇してしまうと、自分にとって耐え難い罰を食らうかもしれない」、あるいは「〇〇してもどうせ意味ある効果は得られない」と考えたとき、人の心理としては「じゃあ〇〇するのはやめておこう」となることが多いのです。これが「抑止効果」です。

■二匹のサソリ

軍事的な抑止と日常生活にある抑止とではもちろんその影響力に大きな違いはありますが、基本的には同じ心理効果を狙ったものです。抑止の概念には、攻撃してもそれを上回る報復を与えることができる能力があることを相手に認識させ、それによって相手に攻撃そのものを思い留まらせること（＝「懲罰的抑止」）と、相手に目的を達成することはできないと思わせるだけの能力を備えることによって、相手に攻撃を思いとどまらせること（＝「拒否的抑止」）の二つがあります。

前述のアメリカだけでなく、核保有国のすべてが、自国が核兵器を持つことを正当化する理由として掲げているのが、まさにこうした「抑止」の概念なのです。核兵器を持っている国が他に存在するから、自分たちも核兵器を保有し、その抑止力によって自国や同盟国を守る必要があるのだ、という論理です。

核抑止をイメージする際に、しばしば「瓶の中の二匹のサソリ」の例が出されます。お互いに相手を殺せるだけの毒を持っているサソリは、瓶の中に一緒に入れても、にらみ合ったままで相手を刺しません。「相手を刺したら同時に自分もやられる」とわかっているからです。このお互いに手を出さない状態が、「抑止が機能している」状態ということになります。

■抑止が効くための条件

しかし二匹のサソリがにらみ合った状態が成立するためには、一定の条件が揃う必要があります。

第一の条件は、抑止する側に、軍事的制裁を実行する能力と意図があることです。サソリの例を使えば、「相手を殺せるだけの量の毒を持っている（＝能力がある）」「必要あれば刺すつもりである（＝意図がある）」となります。

第二の条件は、そうした能力と意図が、相手に正しく理解されていることです。サソリの例では、相手のサソリが致死量の毒を持ち、いざとなれば本気で襲ってくることをもう一匹が確実に理解している点がこれにあたります。

第三の条件は、相手に守るべきものがあることです。サソリの例では、「自分の命」になります。もしサソリの一匹が「やられてもいいからとにかくやっつけてやる」と自暴自棄になったら抑止は働きません。

第四の条件は、相手が合理的・理性的に判断し、行動できることです。サソリ同士が自分の置かれた状況を理解し、身を守るために冷静な判断を行うことが必要となります。

このように、核抑止というのは常に機能するものではないのです。自分の命を顧みない自爆テロのような形に対し、抑止力が機能しないといわれているのはこのためです。

■抑止は「脅し」

こうして核抑止の名のもとに、各国の核兵器開発が進められてきました。

冷戦時代のアメリカとソ連は、相手から先に核攻撃を受けたとしても、相手に耐え難い損害を与えることができる報復攻撃能力を維持することを目指し、圧倒的な量の核兵器保有に至りました。アメリカが考える「耐え難い損害」とはソ連の人口の三分の一から四分の一、産業施設の三分の二を破壊するというものでした。

この理論は「相互確証破壊（ＭＡＤ）」と名付けられました。双方がお互いに壊滅的な破壊をもたらす核戦力を持ち、脅し合うことで「恐怖の均衡」（戦略的安定性）が生まれ、核抑止が安定すると両国は主張しました。しかしこれは、お互いに相手の喉元にナイフを突きつけ、いつでも刺せるようにしておくという、まさにＭＡＤ（狂気）な考え方だといえるでしょう（Ｑ31「米ロ間でどんな合意や取り組みがされてきたのですか?」参照）。

冷戦が終わり、二大核大国の関係は大きく変化しました。保有核兵器の削減は進みましたが、核抑止力への依存こそが平和と安定への最善の道と考えているという点では保有国の姿勢は基本的に変わっていません。

効果的な核抑止力を維持しようと、核保有国の多くは核兵器の能力向上に励み、核兵器をいつでも使える状態に置き、相手への脅しを続けています（Ｑ６「核兵器はいつでも使えるのですか?」参照）。核抑止が失敗した時、あるいは事件や事故が起きた時、どれほどの甚大な被害がもたらされるかは二の次なのです。

Q20 各国の核兵器はどうなっているのですか？

九つの核保有国の持っている核兵器は今どんな状況にあるんだろう？　数は？　種類は？　特徴は？　戦略は？

■核不拡散条約（NPT）上の五つの「核兵器国」

◆アメリカ──「自国ファースト」に進む超大国

世界で初めて核兵器の開発に成功し、実戦で使用した唯一の国、アメリカ。冷戦のピーク時に比べ、核弾頭数は大幅に減りましたが、引き続き世界最大の核戦力を持つ国であることに変わりありません。

二〇一九年六月現在、アメリカの保有する核弾頭数は推定六一八五発です。そのうち、一七五〇発が「作戦配備」、すなわちミサイル等に配備され、いつでも使える状態にあります。また、およそ二三八五発が解体を前提に保管されています。残りは将来の使用の可能性を想定して貯蔵されています。

これらの核弾頭を搭載するために、アメリカは、さまざまな種類の大陸間弾道ミサイル（ＩＣＢＭ）、潜水艦発射弾道ミサイル（ＳＬＢＭ）、重爆撃機などの運搬手段を保有しています。

冷戦が終わってからもアメリカは一貫して核兵器を安全保障政策の中心に位置づけてきました。「ならず者国家」に対してや、「対テロ戦争」にも核兵器を使用する方針が掲げられてきました。現在のトランプ政権は、明らかな形で核軍縮に背を向け続けています。同政権は、二〇一八年二月、アメリカの核戦略の基本方針を示す「核態勢の見直し（ＮＰＲ）」を発表しました。トランプＮＰＲは、オバマ政権下の前ＮＰＲから大きく方向転換し、安全保障政策における核兵器の役割を拡大する方針を掲げています。より「使いやすい」低威力の核弾頭や、水上艦／潜水艦から発射する核巡航ミサイルの開発に向かう意向や、通常兵器（核・化学・生物兵器以外の兵器）による攻撃に対しても核兵器で反撃する可能性が明記されました。核兵器使用のハードルを下げると懸念を呼んでいます。

また、オバマ政権が始めた核兵器システムの近代化計画は、トランプ政権下でさらに勢いを増しています。三〇年間で一・二兆ドルと見積もられる巨額の予算をかけ、老朽化が進んでいる核弾頭、ミサイル、原子力潜水艦、爆撃機、核関連施設や実験場、指令監視システムなどを一新しようとしています。

各地で一〇〇〇回を超える核爆発実験を行ってきたアメリカは、一九九二年を最後に実験は行っていません。しかし、包括的核実験禁止条約（ＣＴＢＴ）を批准しないまま、未臨界核実験など、核爆発を伴わない実験を繰り返しています（Q15「核実験を止めようという動きはなかったのですか？」参照）。

「アメリカ・ファースト」を掲げるトランプ政権は、イラン核合意（Q22「イランは核兵器を持とうとしているのですか？」参照）、中距離核戦力（ＩＮＦ）全廃条約（Q31「米ロ間でどんな合意や取り組みがされてきたのですか？」参照）などの国際的枠組みから離脱してきました。ロシアとの関係が冷え込み、中国との対立も深まる中、米ロ中三つ巴の軍拡競争の激化が懸念されています。

◆ロシア―アメリカへの対抗姿勢を一層鮮明に

冷戦時代に比べ核弾頭数は大幅削減されたものの、アメリカに対峙する超大国として、ロシアも自国の核戦力の維持拡大に邁進しています。

二〇一九年六月現在、ロシアの核弾頭数は推定六五〇〇発です。そのうち、一五八二発がいつでも使用可能な作戦配備状態に置かれています。また、推定二一七〇発が「退役・解体待ち」にあります。欧米諸国に比べてロシアの核戦力に関しては不透明な部分が多く、多くの情報が公表されていません。

ロシアも、アメリカ同様、旧ソ連時代に配備され旧式となった各種核弾頭、ミサイル、戦略原潜、爆撃機などを順次新しいものに置き換え、能力を高めていく近代化計画を進めています。

新型核兵器の開発に向かう動きも加速しています。より「使いやすい」低威力核弾頭の開発などに言及した米トランプＮＰＲが出されると、これに対抗して一八年三月、プーチン大統領が新型核兵器を開発中であることを言明しました。時速一万キロを超える極超音速で飛ぶ空中発射型ミサイル「キンジャル」や極超音速滑空ミサイル「アバンガルド」など、最新鋭の戦略兵器の開発・配備が国際的な懸念を呼んでいます。

二〇一四年のロシアによるクリミア併合などを受けた対立を経て、ロシアとアメリカの関係は冷戦後最悪と評されるまでに悪化しました。ＩＮＦ全廃条約をめぐっては、アメリカとロシアは双方とも相手の条約義務違反を批判しあい、歴史的な条約は崩壊に至りました。二〇二一年に失効を迎える新戦略兵器削減条約（新ＳＴＡＲＴ条約）の行方も不透明なままです（Ｑ31「米ロ間でどんな合意や取り組みがされてきたのですか？」参照）。

◆イギリス―唯一の核システムを更新

二〇一九年六月現在、イギリスの核弾頭数は二一五発。NPT上の五つの核兵器国の中では、最も少ない保有数です。このうち、一二〇発がいつでも使える作戦配備の状態にあります。

イギリスは、「最小限抑止戦略」、すなわち敵国に核攻撃を思い留まらせるのに必要な最低限の核戦力のみを保有するという戦略をとっています。その最大の特徴は、保有核弾頭が、潜水艦発射弾道ミサイル（SLBM）用の「トライデントⅡD5」の一種類のみであることです。これらはバンガード級と呼ばれる戦略原子力潜水艦（原潜）に搭載され、現在四隻が就役しています。

イギリス政府は、二〇二〇年代半ばまでに保有核弾頭の総数を一八〇発にまで減らす計画を表明していますが、その一方で、アメリカ、ロシアの場合と同様、近代化計画を進めています。その計画の中心が、老朽化した原潜を新しいものに変えていくことです。バンガード級原潜の後継として、ドレッドノート級原潜の建造が進められており、二〇三〇年代初期に一隻目が就役すると見られています。

一種類の核兵器システムしか存在していないということは、その更新不可を決定すれば、イギリスは自国の非核化に一歩踏み出すことになります。その影響は国際的にもきわめて大きなものとなります。

イギリス政府は、トライデント更新の方針を決定しましたが、国民的議論は続いています。とりわけ強い反対姿勢をとるのが、イギリスからの独立を主張するスコットランドの各政党です。イギリス唯一の潜水艦部隊はスコットランドに所在する核基地に置かれており、スコットランド側は独立の暁には核基地を閉鎖すると公約しています。二〇一四年の国民投票では僅差で独立反対が多数を占めましたが、今後もこの議論の再燃が注視されます。

◆フランス—さらなる削減の動きは見えず

二〇一九年六月現在、フランスの保有する核弾頭の数は三〇〇発であり、アメリカ、ロシアに次いで世界三番目です。保有核弾頭のうち、二八〇発が作戦配備状態に置かれています。

フランスの核戦力の中心はＳＬＢＭを積んだ戦略原潜で、保有核弾頭のうちの八割強がＳＬＢＭ用です。残りが戦略爆撃機に搭載される巡航ミサイル用です。

冷戦のピーク時に比べ、フランスは保有核弾頭を半減させています。核実験施設と核分裂性物質生産施設を完全に閉鎖し、またＩＣＢＭを一九九六年に撤廃など、核軍縮に積極的な姿勢を見せる一面もあります。しかしここ一〇年ほどフランスの核弾頭数は横ばいを続けており、前オランド政権に続き、現マクロン政権もさらなる削減には否定的です。

フランスも他の核兵器国と同じく、積極的な核近代化計画を進めています。これには、新世代の戦略原潜、それに搭載するＳＬＢＭ、航空機搭載の新世代巡航ミサイルなど、フランスが保有するすべての核兵器が含まれています。

◆中国—高まる不透明さ

二〇一九年六月現在、中国の核弾頭数は推定二九〇発です。ＮＰＴ上の五核兵器国の中で唯一、中国は、緩やかなペースながらも（二〇一三年～一九年の六年間で四〇発の増）、保有する核弾頭数を着実に増加させています。地上配備弾道ミサイルの一部の多弾頭化（一つのミサイルに複数の弾頭を装填すること）などによるものです。

中国は、五核兵器国の中で、核兵器の先制不使用政策をとっている唯一の国です。先制不使用とは、先に核兵器を使わない、つまり、相手からの核攻撃に対する反撃の場合を除いては核兵器を使用しないという政策です。相手が核兵器以外の兵器（生物・化学兵器、通常兵器）で攻撃してきた場合にも核兵器で反撃しないことを約束するものですから、核兵器の役割縮小に繋がり、核軍縮の前進に貢献するものとなります。

しかしこうした前向きな政策の一方、中国の核兵器に関しては、透明性の欠如が最大の問題とみなされてきました。中国政府は、自国の核兵器に関してほとんど情報を開示していません。

イギリス、フランス同様の最小限抑止戦略を掲げてきた中国ですが、近年、報復（第二攻撃）のための核戦力増強として、さまざまな種類の陸上配備・海洋配備のミサイルや戦略爆撃機の開発に一層の力を入れていると見られ、国際的な懸念が高まっています。

■NPTに入っていない核保有国

◆インド――戦略核の三本柱を構築

二〇一九年六月現在、インドの保有核弾頭は推定一三〇発です。インドの核兵器はプルトニウム型と見られています。インドのプルトニウム保有量はおよそ七・五トン（軍事用七・〇七トン、非軍事用〇・四トン。二〇一九年一二月現在）です。長崎原爆（プルトニウム六キログラムを使用）で換算すれば、一二四五発分にもなる量であり、インドが今後保有核兵器を増加させる上で困らない材料があることは明白です。

インドは、「信頼性のある最小限抑止」の維持を掲げる一方、ＩＣＢＭ、ＳＬＢＭ、戦略爆撃機による戦略核兵器の三本柱の確立を目指し、核戦力の増強と近代化を進めてきました。数種類の長距離弾道ミサイルが開発途中にあり、国産の弾道ミサイル搭載原潜の建造も次々に進められています。背景には、隣国パキスタンとの緊張関係がありますが、近年においては、対中国の抑止政策としての比重が高まっていることも指摘されています。

◆パキスタン──隣国インドへの対抗

九つの核保有国の中で、最も速いペースで核弾頭を増やしているのがパキスタンです。二〇一九年六月現在の核弾頭数は推定一五〇発です。

パキスタンは核兵器の材料となる核物質の生産能力も拡大させています。およそ〇・三一トンの軍事用プルトニウムと三・六トンの高濃縮ウラン（ＨＥＵ）を保有しており、長崎原爆と広島原爆（高濃縮ウラン六四キログラムを使用）で換算すれば、それぞれ五二発分、五六発分となります。

また、各種の地上発射弾道ミサイル、巡航ミサイルの開発を進めており、潜水艦発射巡航ミサイルの実験も繰り返しています。長距離ミサイルの開発に取り組む一方、射程の短い戦術核兵器の開発にも力を入れています。これは、核以外の戦力において軍事的優位にある隣国インドに対抗することを目指したものと見られます。事実、パキスタンの核開発は、当初から一貫してインドとのライバル関係によって動機付けられてきました。パキスタンはインドに対する核先制攻撃の選択肢を排除しておらず、両国間の通常紛争が核戦争に発展する可能性が懸念されています。

◆イスラエル——肯定も否定もしない国

イスラエルの最大の特徴は、核兵器に関する「あいまい政策」、すなわち自国の核兵器保有について政府として認めず、かといって否定もしないといった政策にあります。

そのため、核兵器に関する公的な情報は存在しませんが、核搭載可能な運搬手段に関する情報等から、イスラエルが現在保有する核弾頭数は八〇発と推定されています。うち五〇発が地上発射弾道ミサイル、三〇発が航空機に搭載されています。ドイツから購入したドルフィン攻撃潜水艦にも核巡航ミサイルが搭載されているとの各種報道が出ていますが、イスラエルとドイツの政府高官は否定しています。

イスラエルは、広島、長崎原爆に換算して一五八発分に相当する、約〇・三二トンのＨＥＵと〇・九二トンの軍事用プルトニウムを保有していると見られています。

八つの核保有国と異なり、イスラエルは核実験の実施についても公式な声明を発したことはありません。しかし、一九七九年九月、南アフリカ近海の南インド洋のはるか上空で秘密裏に核実験が行われたとの説があります。

北朝鮮についてはQ21「北朝鮮は核開発を進めているのですか？」を参照してください。

Q21 北朝鮮は核開発を進めているのですか？

アメリカと北朝鮮のトップ同士が笑顔で握手を交わすシーンの一方で、ミサイル発射のニュースも未だに流れている。北朝鮮は核開発を続けているのだろうか？

■二〇〇六年に核実験

最も新しく核保有に進んだ国が北朝鮮（正式名称は、朝鮮民主主義人民共和国）です。二〇〇三年一月、北朝鮮は、核兵器を持たないことを約束する「核不拡散条約（ＮＰＴ）」という国際条約（Ｑ28「核保有国を縛る国際条約はありますか？」）からの脱退を宣言し、二〇〇六年一〇月に初の地下核実験を行いました。その後、国際社会からの再三の中止要請にもかかわらず、二〇〇九年五月、一三年二月、一六年一月および九月、一七年九月と、計六回の核実験を繰り返してきました。過去最大となった六回目の核実験の爆発威力は二〇〇キロトン前後と推定され、熱核融合爆弾が使用されたと見られています。これは広島原爆の一〇倍以上に相当する規模です。

■進む核兵器開発

北朝鮮の核計画の全容については明らかになっていません。現在、北朝鮮が保有する核弾頭の総数については、二〇発～六〇発程度と、研究者や機関によっていろいろな見解が存在します。二〇二〇年には最大一〇〇発まで増加すると予想するアメリカのシンクタンクもあります。

少なくともいえるのは、北朝鮮の核技術が着実に前進しているということです。多くの専門機関が、すでに北朝鮮は核弾頭の小型化に成功し、ミサイルに搭載できる技術を有している、と警鐘を鳴らしています。

核弾頭搭載可能なミサイルをより遠くに、正確に飛ばす技術も進んでいます。さまざまな種類と飛距離のミサイル開発に力を入れていて、二〇一七年七月には、北朝鮮はアメリカ本土を射程に含めることができる、大陸間弾道ミサイル（ICBM）の発射実験に成功しました。

ミサイルの種類とその射程距離

短距離(SRMB)	1,000キロメートル以下
準中距離(MRBM)	1,000～3,000キロメートル
中距離(IRBM)	3,000～5,500キロメートル
長距離(ICBM)	5,500キロメートル以上

■根深い不信

北朝鮮における核開発の歴史の始まりは、一九五〇年代にさかのぼります。ソ連の支援を受けた北朝鮮は、一九六〇年代初頭から、現在も同国の核兵器開発の中心である寧辺（ヨンビョン）にて、原子炉などの建設に着手しました。

冷戦が終わると、北朝鮮をめぐる状況は大きく変化しました。南北の和解が進み、一九九二年一月二〇日には、北朝鮮と韓国の首脳が、朝鮮半島で核兵器の保有や使用を行わないと約束する「朝鮮半島の非核化に関する共同宣言」に調印しました。

しかしその後、核開発をめぐって、北朝鮮と国際社会との軋轢はたびたび高まりました。そうした状況を打開しようと、二〇〇三年には、北朝鮮に中国・アメリカ・ロシア・韓国・日本が加わる形で、北朝鮮の核問題を議論する「六カ国協議」が設置されました。〇五年には、北朝鮮によるすべての核兵器と核計画の放棄が約束された合意文書も作られるなどの進展がありましたが、北朝鮮の核開発を止めるには到らず、六カ国協議の枠組みは崩壊しました。

北朝鮮の核問題の解決に向けた過去の取り組みが失敗した原因はさまざまですが、その根本に、北朝鮮と米国など西側諸国との間の根深い不信があることは間違いありません。信頼関係を築いていくことなしに根本的な解決に至ることは困難です。

■外交の扉が開いたが…

アメリカにトランプ政権が誕生した二〇一七年、アメリカを筆頭とする西側諸国と北朝鮮との対立は一層激しくなりました。あわや戦争勃発か、という事態にまで行ったのです。

しかし二〇一八年以降、北朝鮮をめぐる外交関係は劇的に変化しました。二〇一八年四月、北朝鮮の金正恩（キム・ジョンウン）労働党委員長と韓国の文在寅（ムン・ジェイン）大統領の間で首脳会談が開かれ、歴史的な「板門店宣言」が発表されました。続いて六月一二日には、トランプ大統領と金委員長の間で、史上初となる米朝首脳会談がシンガポールで開催されました。両首脳は、朝鮮半島の完全な非核化や北朝鮮の体制保証などを明記した共同宣言に署名しました。

しかしベトナムのハノイで二〇一九年二月二七日～二八日に開催された二度目の首脳会談では、新たな合意を生み出せないままに終了しました。

続いて、六月三〇日には、韓国と北朝鮮の軍事境界線がある「非武装地帯（ＤＭＺ）」で、三度目となる米朝首脳会談が行われました。現職の大統領が北朝鮮に足を踏み入れたのは初めてのことでした。

韓国の文大統領も加わって行われた会談では、非核化に向けた具体的な協議を米朝間で再開することが合意されました。

アメリカと北朝鮮の関係が改善し、対話の流れが生まれたことは、地域の緊張緩和と平和構築に向けた大きな一歩といえるでしょう。しかしながら、約束された「朝鮮半島の完全な非核化」に向けた具体的な中身の協議は進展しておらず、今後の道のりは不透明なままです。

危機打開に向けた現在のチャンスを生かしていくために、関係各国が粘り強く外交努力を続けていくことが何よりも大事です。

Q22 イランは核兵器を持とうとしているのですか？

アメリカとの対立が激しさを増しているイラン。ニュースで聞く「核合意」って何だろう。イランは核兵器を持とうとしているのだろうか？

■イランの核開発疑惑

北朝鮮とならんで、核兵器開発に対する疑惑を長年持たれてきたのがイランです。そのため、イランが核兵器をすでに持っているというイメージを持っている人もいるかもしれません。しかし現在まで、イランが核兵器保有に至ったという明確な証拠はありません。

二〇〇二年にイラン国内の反体制派から、イランが秘密裏に核兵器開発を進めているとの情報がもたらされました。その後、イランが核兵器の材料収得に繋がるウラン濃縮を秘密裏に進めてきたことがわかり、イランの核兵器開発の意図を持っているのではないかとの疑惑が国際的に高まったのです。

国連安全保障理事会はこれまで四回にわたってイランに対する制裁決議を採択し、ウラン濃縮活動など、疑惑を持たれる活動を凍結するよう求めてきました。しかし、イランはこれに強く反発し、自分の国に核兵器開発の意図はない、ウラン濃縮活動を含めた「原子力の平和利用」は核不拡散条約（ＮＰＴ）の認める権利であるから差別なく認められるべきだ、と一貫して主張してきました。

■外交的解決の道を探る

ヨーロッパのイギリス、ドイツ、フランスを中心に、この問題の外交的解決を模索しようとの努力が積み重ねられてきました。その成果が実り、二〇一五年七月、イランと主要六カ国（イギリス・ドイツ・フランス・アメリカ・ロシア・中国）は「包括的合意」（正式名称は「包括的共同計画（ＪＣＰＯＡ）」）に達しました。その内容は、イランが、核兵器開発に繋がる高濃縮ウランやプルトニウムを一五年間は生産しないなど、核開発能力の制限や国際的な査察・監視体制を受け入れる。そしてそれらが確認されれば、イランに対する経済制裁を段階的に解除する、というものです。

その後、国際機関の査察によって、イランの合意履行が確認され、経済制裁が解除されました。粘り強い外交交渉によって、核保有国の出現にブレーキをかけたことは、非常に大きな意味を持つことでした。

■アメリカの一方的破棄

ところが、二〇一七年に誕生したアメリカのトランプ政権はこの合意に欠陥があるとして批判を強め、ついに二〇一八年五月、合意からの一方的離脱を表明したのです。

他の当事国はイランとの合意を継続すべきと主張していますが、アメリカが経済制裁を再開させたことで、イランの人々の生活には大きな衝撃と混乱がもたらされました。イラン政府はアメリカの姿勢に強く反発し、ウラン濃縮活動を再開させるなどの報復行動をとっています。

両国の関係は悪化の一途をたどり、ついに二〇二〇年一月三日、アメリカ軍によるイラン革命防衛隊指導者殺害という事態を迎えました。さらなる軍事行動の連鎖が不安視されています。

Q23 「核の傘」ってずばり何ですか？

「核の傘」で守る、という言い方をよく聞くけれど、具体的にはどういうことなんだろう。「核の傘」で守られている国はどれくらいあるのだろうか？

■拡大核抑止＝核の傘

核保有国が自国の保有を正当化する最大の根拠が、核抑止力への依存です（Q19「核保有国が保有を続ける理由は何ですか?」参照）。核兵器の使用をちらつかせて相手を脅すことで、相手からの攻撃を抑止できる、という考え方です。このように核兵器による威嚇によって自国に対する攻撃を抑止することを「基本抑止」と呼びます。これに対して、同盟国や友好国に対する攻撃を抑止することを「拡大核抑止」といいます。一般的には、「核の傘」という呼び名で知られています。アメリカは、核兵器を持ち続ける必要性を述べる際、自国の平和と安全を守るという理由だけでなく、同盟国・友好国を守るとの約束が存在していることを必ず付言します。同盟国・友好国が核保有の正当化に使われているということです。

■「核の傘」国はおよそ三〇カ国

日本はアメリカの「核の傘」に依存する政策をとっていますが（Q24「日本政府の核政策はどうなっていますか?」参照）、このような政策をとる国は日本だけではありません。

世界のおよそ三〇の国がアメリカの「核の傘」の下にあると考えられています。ただし、核の傘を提供する国と、提供される国との間において、その約束が文書などで必ずしも明確に示されているわけではないため、どの国が「核の傘」の下にあるのかについては、研究者の間でも異なる見解があります。とりわけ、ロシアを含む「集団安全保障条約機構」（CSTO）に属している非核兵器国（アルメニア、ベラルーシ、カザフスタン、キルギス、タジキスタン）について、ロシアの「核の傘」に依存していると見る向きもありますが、この点に関してはっきりとした情報はありません。

■アメリカの「核の傘」国

アメリカの「核の傘」への依存を公言している国には、日本と同様にアメリカとの軍事同盟を結んでいる韓国やオーストラリア、そして北大西洋条約機構（NATO）に加盟している非核兵器国が含まれます。それぞれについてもう少し詳しく見ていきましょう。

◆日本・韓国

アメリカの東アジアにおける同盟国である日本と韓国は、それぞれアメリカとの二国間の安全保障条約に基づいて、「核の傘」の供与を約束されています。日本については次章で詳しく述べますが、韓国についても日本と同様に、アメリカとの共同文書を通じて、「核の傘」の供与が繰り返し確認されています。二〇一六年一〇月

アメリカの「核の傘」依存を公言している国

日本、オーストラリア、韓国、NATO非核兵器国（ベルギー、カナダ、デンマーク、アイスランド、イタリア、ルクセンブルク、オランダ、ノルウェー、ポルトガル、ギリシャ、トルコ、ドイツ、スペイン、チェコ、ハンガリー、ポーランド、エストニア、ラトビア、リトアニア、スロバキア、ブルガリア、ルーマニア、アルバニア、クロアチア）

二〇日の「米韓安保協議会議」共同コミュニケは次のように述べています。

「国防長官は、米国の核の傘、通常攻撃、及びミサイル防衛能力を含むあらゆる軍事能力を使用して、韓国に対し拡大抑止を提供するという米国の継続的なコミットメントを再確認した。」

あわせて、アメリカと韓国の間では、「核の傘」の具体的な運用について協議する場が定期的に開催されています。日本も同様ですが、韓国においても北朝鮮情勢など地域の安全保障に対する不安感や緊張感が高まるにつれ、「核の傘」の強化を求める声が高まる傾向にあります。

◆オーストラリア

オーストラリアとアメリカの軍事同盟は、一九五一年の「オーストラリア、ニュージーランド及びアメリカ合衆国の間の三国安全保障条約」（ANZUS条約）に基づいています。一九八六年、非核政策をとったニュージーランドに対してアメリカが防衛義務を停止したため、核同盟としてのANZUS条約は実質的にはアメリカ・オーストラリアの二国間となりました。国防白書をはじめ、オーストラリア政府の公式文書や政府関係者の発言の中には、アメリカの「核の傘」に依存するとの趣旨が繰り返し登場します。しかし、オーストラリアの場合、日本、韓国と異なり、「核の傘」の供与を保証したアメリカ側の約束は、公開文書としては存在しておらず、よりあいまいな約束となっています。

◆NATO非核兵器国

現在、NATOには、核保有国であるアメリカ・イギリス・フランスを含め、欧州を中心に二九カ国が加盟しています。

NATOはその基本的任務の一つとして「集団防衛」を掲げており、その手段として核兵器を重視してきました。アメリカが自国の核兵器をNATOの非核兵器国に配備しておき、有事の際には共同で運用するという政策をとっています。これを「核シェアリング」(核共有)政策」といい、現在、ベルギー・ドイツ・イタリア・オランダ・トルコの五カ国に、およそ一五〇発のアメリカの戦術核兵器が配備されています。ドイツやイタリアに核兵器がある、と聞くとびっくりする人も多いのではないでしょうか。

NATOの基本戦略を示した二〇一〇年の「戦略概念」は、「核兵器が存在する限り、NATOは核同盟であり続ける」と明記するなど、NATOが核兵器で結ばれた同盟であることを強調しています。しかし、ヨーロッパに配備されているアメリカの核兵器の存在についての各国の受け止めには温度差があります。過去には、ドイツやオランダを中心に、これらの核兵器の撤去や役割低下を求める声が繰り返しあがりました。一方、クリミア情勢などをめぐるロシアとの関係悪化から、昨今再び、欧州配備の戦術核についてその必要性が声高に主張されるようになりました。

欧州における配備数が、一九七〇年代のピーク時の約七〇〇〇発から現在の約一五〇発にまで削減されたことは大きな前進でした。しかし、アメリカが進める核兵器近代化の一環として、これらの欧州配備の弾頭についてもより能力の高いものへと一新される計画が進んでいます。

そもそも、NATOの核シェアリング政策は、締約国の不拡散義務を定めた核不拡散条約(NPT)に対する違反であるとの議論が、核兵器廃絶を訴える世界の非核兵器国の一部や市民社会の中には根強くあるのです(Q28「核保有国を縛る国際条約はありますか?」参照)。

もっと考えてみよう

「『核兵器で平和を守る』これってホント？」

フウシャ　アキラ

「核保有国は、核兵器による『抑止力』があるから安全が守られてきた、と言ってるんだね。確かに、核保有国がこの世界に存在する限り、自分の国や同盟国がいつ核攻撃されるかわからない。やっぱり核抑止は必要なんじゃないかな。」

メガネバシ　タカコ

「でも、核抑止って本当に効果があるのかな。それに、核抑止に頼っていたら結局いつまでたっても核兵器はなくならないよ。核抑止って、核兵器で脅し合っているってことだし、それも怖くない？」

フウシャくんとメガネバシさんは、それぞれ自分の考えをメモにまとめてみました。これを見ながら、皆さんも一緒に考えてみましょう。

フウシャくんメモ

- ✓核兵器を持つ国が他に存在する限り、核抑止に頼る以外に自分の国や同盟国の安全を守る方法はない。
- ✓広島、長崎の原爆投下以降、核兵器は戦争で一度も使われていない。これは核抑止が機能していたからだ。
- ✓核兵器以外の兵器では、抑止効果は十分ではない。
- ✓核抑止が仮に100％効かないとしても、それでもないよりはずっと安心だ。

メガネバシさんメモ

- ✓広島、長崎以降に核兵器が戦争で使われていないのは事実だけど、核抑止のおかげかどうかはわからない。
- ✓相手が報復を恐れない場合には抑止できない。
- ✓もし抑止が失敗したら、その代償はとてつもなく大きいものとなる。
- ✓核兵器以外の兵器でも抑止効果はある。経済、外交といった軍事以外の方法もある。
- ✓核抑止に頼るということは、「いざとなれば使う」という姿勢をとること。そもそもどんな場合も核兵器を使うことは許されない。
- ✓核抑止が必要だ、と核保有国が言い続けている限り、同じ理屈で持とうとする国が他にも出てくることを止められない。

もっと調べてみよう

各国の核戦略について

（第1章「もっと調べてみよう」の「核兵器の数や種類、仕組みについて」項目も参照のこと。）

- Arms Control Association　https://www.armscontrol.org/（英語）
- Carnegie Endowment for International Peace　https://carnegieendowment.org/（英語）
- Middlebury Institute of International Studies at Monterey　https://www.nonproliferation.org/（英語）
- Institute for Science and International Security　https://isis-online.org/（英語）
- Nuclear Threat Initiative（NTI）　https://www.nti.org/（英語）
- 38 North　https://www.38north.org/（英語）
- 秋山信将、高橋杉雄編『「核の忘却」の終わり―核兵器復権の時代』勁草書房、2019年
- スコット・セーガン、ケネス・ウォルツ『核兵器の拡散―終わりなき論争』川上高司監訳、斎藤剛訳、勁草書房、2017年

核抑止について

- ウォード・ウィルソン『核兵器をめぐる5つの神話』黒澤満日本語版監修、広瀬訓監訳、法律文化社、2016年
- 浦田賢治他『原発と核抑止の犯罪性―国際法・憲法・刑事法を読み解く』（憲法学舎叢書）日本評論社、2012年
- ロバート・グリーン『抑止なき安全保障へ―核戦略に関わった英国海軍将校の証言』かもがわ出版、2010年
- 鈴木達治郎、広瀬訓他『核の脅威にどう対処すべきか―北東アジアの非核化と安全保障』法律文化社、2018年
- 柳澤協二他『虚像の抑止力―沖縄・東京・ワシントン発　安全保障政策の新機軸』旬報社、2014年
- 山口響監修『核兵器禁止条約の時代―核抑止論をのりこえる』法律文化社、2019年

第4章

核兵器と日本

【メガネバシタカコさんの素朴な疑問】

日本はどんな政策をとっていますか？

Q24 日本政府の核政策はどうなっていますか？

「唯一の戦争被爆国」と呼ばれる日本は、核兵器廃絶のリーダーシップをとれているのだろうか？

■四つの基本政策

日本は、広島と長崎の経験を持つ「唯一の戦争被爆国」（コラム参照）として、世界でもきわめて特別な立ち位置にあるといえるでしょう。

日本がとっている核政策には四つの柱があります。

1. 非核三原則（核兵器を「持たない」「作らない」「持ち込ませない」）を堅持する。
2. 核軍縮を現実的に進める国際努力に貢献する。
3. 核の脅威に対しては、アメリカの核抑止力に依存する。
4. 原子力発電など平和利用を進める。

この四本柱が初めて公に登場したのは、一九六八年一月三〇日の佐藤栄作首相（当時）の国会答弁でした。それから半世紀が経ちますが、これらの基本政策はほとんど変わっていません。

■四本柱――矛盾する？　しない？

被爆者をはじめ、核兵器廃絶を求める市民からは、これらの四本柱に「矛盾がある」との声があがっています。アメリカの核抑止力という「核の傘」に依存している日本は、アメリカに核兵器の保有をやめるよう迫ることはできず、日本の核兵器廃絶の訴えには説得力がない、というものです。

また、原子力の平和利用と、核軍縮努力の間に矛盾があると考える人もいます。原子力発電の際に生み出されるプルトニウムを日本は再処理して取り出し、「資源」として備蓄しています。二〇一九年一二月現在、日本はおよそ四七・三トン、長崎原爆を七八八三発も製造できるほどのプルトニウムを保有している「プルトニウム大国」です。核兵器の材料となる核物質を減らすことが世界的課題となっている今、日本のこのような姿勢に疑問の声があがっています。

■「日米安保＝核の傘」ではない

ところで、「核の傘」への依存が、日本とアメリカが結んでいる「日米安保条約」（正式名称「日本国とアメリカ合衆国との間の相互協力及び安全保障条約」）に明記されていると誤解する人が多くいます。日米安保条約そのものに「核兵器」という言葉は登場しません。つまり、「核の傘」から日本が出ることを決定しても、それは自動的に条約破棄を意味するものではないのです。「核抜き」の同盟関係を求めることは不可能ではありません。

世界にはそれを実現させた先例があります。オーストラリアとともに、アメリカとの軍事同盟条約（太平洋安全保障条約［ANZUS条約］）を結んでいるニュージーランドは、一九八七年に「ニュージーランド非核地帯、軍縮、軍備管理法（非核法）」を制定しました。アメリカとの同盟関係は維持しつつ、非核政策を確立するという選択をしたのです。

もちろん日本とニュージーランドでは置かれている安全保障環境も大きく異なり、単純に同列で語ることはできません。しかし私たちの未来の選択肢の一つとして、考える価値は十分にあります。

■「核の傘」はどこに登場する？

日本の公式文書の中で、「核の傘」依存はどのように登場するのでしょうか？

日本の防衛政策の基本文書に「防衛計画の大綱」と呼ばれるものがあります。最新版である「平成三一年度以降に係る防衛計画の大綱」（二〇一八年一二月一七日）には、次のように書かれています。

「核兵器の脅威に対しては、核抑止力を中心とする米国の拡大抑止は不可欠であり、我が国は、その信頼性の維持・強化のために米国と緊密に協力していくとともに、総合ミサイル防空や国民保護を含む我が国自身による対処のための取組を強化する。」

要は、日本の周りには核兵器を持っている国があって不安なので、それに対してはアメリカの核兵器を中心に、核兵器とそれ以外の兵器をあわせて守ってもらう、ということをいっているのです。

■不透明な「核の傘」

日本とアメリカの間では、抑止力の維持・強化を話し合う場として、両国の外交・防衛の責任者が出席する形で、「日米拡大抑止協議委員会」（2＋2）という会合が定期的に開かれています。二〇一五年四月二七日のこの会合では、「変化する安全保障環境のためのより力強い同盟　新たな日米防衛協力の

コラム　唯一の戦争被爆国

ニュースなどで日本のことを「唯一の戦争被爆国」と表現しているのを見たことがあるかもしれません。戦時中に核兵器攻撃を受けた世界で唯一の国、という意味です。

なぜわざわざ「戦争」と付けるのでしょうか。それは、1945年以降も世界各地で2,000回を超える核爆発実験が行われ、核の被害を受けた国や人々が存在するからです（Q14「核実験はいつ、どこで行われたのですか？」参照）。

確かに、日本は、戦争の攻撃手段として核兵器が使用された唯一の国です。しかし「被爆国（地域）」は他にもある、ということを忘れないようにしたいですね。また、広島・長崎での原爆においても、被爆し、現在まで苦しんでいるのも「日本人」だけではありません（Q12「「被爆者」はどういう人を指すのですか？」参照）。

ための指針」（新ガイドライン）と題する文書が発表され、「核及び通常戦力を含むあらゆる種類の米国の軍事力による、日本の防衛に対する米国のゆるぎないコミットメント」があらためて確認されました。

しかし北大西洋条約機構（NATO）や韓国の場合と異なり（Q23「「核の傘」ってずばり何ですか？」参照）、拡大抑止の具体的な中身については日米間でどこまで踏み込んだ議論がされているのかわかっていません。たとえば日本がもし核攻撃されたらアメリカは必ず反撃するのか、いつ、どのような形で反撃の決定がなされるか、その際に日本は意思決定に参加するのか等、いろいろな疑問が出されていますが、はっきりとしたことはわかっていないのです。

Q25 非核三原則は守られているのですか？

核兵器を「持たない」「作らない」「持ち込ませない」ことを約束した非核三原則。日本の歴代政権は本当にこれを守ってきたのだろうか？

■非核三原則は「国是」

非核三原則は、一九六七年一二月一一日の佐藤栄作首相（当時）の衆議院予算委員会における答弁で初めて登場し、翌六八年一月の施政方針演説で正式に宣言されました。その後、国会決議や国連における演説等を通じて、日本の歴代政権は非核三原則の堅持を国内外に表明してきました。

「持たない」は日本が核兵器を保有しないこと、「作らない」は核兵器を製造しないこと、「持ち込ませない」は他国が日本の領域に核兵器を運び込んだり、配備したりすることを認めないことを意味します。

ところで、非核三原則の位置付けを確認しておきましょう。

非核三原則は「国是」とされます。国民の支持を得た、国家の基本方針という位置付けですが、法的な拘束力を持つものではありません。そこで、非核三原則をより信頼性のあるものにするべく、法律として定めるよう求める声が各方面から繰り返しあがっていますが、政府はこれに応えていません。

■「密約」の存在

非核三原則うち、「持ち込ませない」については、アメリカと日本の間に秘密の合意が存在するのではないか、という疑惑が長年持たれてきました。いわゆる「密約」問題です。

この関連では、次の二つの密約の存在の可能性が浮上していました。

1　一九六〇年の日米安全保障条約改定の際に結ばれた密約。核の持ち込みの際には日米で「事前協議」（前もって協議を行うこと）が必要であるが、核兵器を積んだ米艦船などが寄港したり日本の領海を通過したりする場合は、事前協議の対象から除外するというもの。

2　一九七二年の沖縄返還交渉の際に結ばれた密約。日本の周辺で重大な緊急事態が生じた場合には、米側が沖縄に再び核兵器を持ち込むことを日本側が容認するというもの。

これらの疑惑を追及する声に対し、日本政府は国会答弁などで再三にわたり密約の存在を否定してきました。

しかし、民主党政権であった二〇〇九年、岡田克也外務大臣により有識者委員会が設置され、密約の有無があらためて調査されました。これまで政府が存在を否定していた文書も見つかりました。

その結果、第一の密約については、「広義の密約」、つまり暗黙の合意があったとの結論が下されました。一方、第二の密約については、「必ずしも密約とは言えない」という結論であったものの、非公開の合意議事録が見つかるなどしました。

■実は二・五原則？

つまり、日本の歴代政権は、核を搭載した米艦船が寄港・通過する可能性があることを知りながら、長年にわたってそれを黙認してきたことになります。その可能性を問う国会質問に対し、日本政府は、①米国が核を持ち込もうとするならば事前協議があるはずである、②その事前協議が行われていない以上、核持ち込みは行われていない、と説明してきました。これは虚偽の答弁を繰り返してきたことになります。

このような点から、非核三原則は、実質的には「二・五原則」であったと批判されています。日本国内に核兵器が配備されないとしても、核搭載艦船・航空機の寄港、通過を認めてきたからです。そしてこの密約は今も生きているのです。

一九九一年に当時のアメリカのブッシュ大統領が自国の水上艦艇および攻撃型原潜から戦術核兵器を撤去する方針を示して以降、「核持ち込み」に対する懸念は大きく薄れました。しかし、トランプ政権になり、再びアメリカの艦船に核が搭載される可能性が出てきました。寄港や通過の問題があらためてクローズアップされる中、日本がどのように対応するかが問われます。

Q26 日本は核武装できるのですか？

「唯一の戦争被爆国」の日本が核兵器を持つなんて想像できないけれど、やろうと思えばできるのだろうか？　実際にどんなハードルがあるのだろう？

■「検討すべき」が一割弱

「非核三原則」を国是とし、核兵器を保有しないという原則を掲げている日本ですが（Q24「日本政府の核政策はどうなっていますか?」参照）、アメリカの「核の傘」から脱し、日本が独自に核武装することもありうる、と考える日本人は皆無ではありません。

二〇一九年七月一一日付の毎日新聞によれば、参議院選挙の全候補者に対して同紙が行ったアンケートの結果、日本の核武装について「将来にわたって検討すべきでない」と答えた候補者が八〇%を占める一方、「今後の国際情勢によっては検討すべき」と回答した人も九%に上りました。

一部の積極的な核武装論者は別としても、日本を取り巻く国際情勢が緊迫した際に、核武装の必要性を訴える世論が頭をもたげる傾向はこれまでもありましたし、これからも続くかもしれません。

でも、そもそも日本が核武装をすることは可能なのでしょうか。ここでは、「核武装すべき」「すべきでない」の議論を一旦脇に置いて、日本の核武装を考える際に知っておくべきことを整理してみたいと思います。

■「憲法違反ではない」

まず、日本国憲法との関係です。驚くかもしれませんが、日本政府が従来示している見解は、「核武装は憲法違反ではない」というものです。二〇一六年四月、安倍内閣による答弁書も、「自衛のための必要最小限度の実力を保持すること」は憲法第九条によっても禁止されておらず、よって「核兵器であっても、仮にそのような限度にとどまるものがあるとすれば」、保有や使用は禁止されていない、との趣旨を繰り返しました。

では、他に縛りとなるものはないのでしょうか。「非核三原則」は日本に核武装を禁じる縛りの一つですが、「国是」という位置付けであり、法で定められたものではありません（Q25「非核三原則は守られているのですか?」参照）。

国内法における縛りとしては、一九五五年制定の「原子力基本法」があります。同法は、原子力利用は平和目的の利用（＝原子力発電など）のみに限ると規定しているため、日本が核武装に進むのであれば法改正が必要となります。

さらに、国際法の縛りとして、「核不拡散条約（ＮＰＴ）」があります。同条約に「非核兵器国」として参加している日本は、核兵器を持たないという国際法上の義務を負っています（Q28「核保有国を縛る国際条約はありますか?」参照）。よって、日本が核武装に進むためにはＮＰＴから脱退することになりますが、それはまさに北朝鮮が歩んだ道に他ありません。ＮＰＴ自体に脱退に対する罰則はありませんが、北朝鮮に対してそうであったように、世界中からの非難が日本に集中するでしょう。また、国連安保理決議などを通じて厳しい経済制裁が科され、日本は政治的、経済的に孤立していくと予想されます。

■材料は存在する

日本の核武装を考える際、切っても切り離せないのが日本のプルトニウム問題です。

二〇一八年末現在で、日本は、核兵器の材料となるプルトニウムを四五・七トンも保有しています。これは、長崎原爆に換算して（長崎原爆では六キログラムのプルトニウムが使われた）、実に七六一七発分に相当する量です（Q３「核兵器はどんな仕組みで爆発するのですか？」参照）。

日本のプルトニウムは、軍事用ではない原子炉の使用済み核燃料から取り出されたものですが、これらを使って核兵器を製造することは可能と考えられています。

使う見通しの立たない大量のプルトニウムを保有しているだけでなく、新たな再処理施設の稼働によってさらに増やそうとしている日本に対し、各国、とりわけアジアの近隣国からは、日本が核武装に向かうことを懸念する声もあがっています。

そうした疑念を裏打ちするように、日本の政府文書や政治家の発言には、いざとなれば核兵器を作れる能力（＝潜在的核武装能力）を保持することが日本を守る抑止力になる、といった考え方がしばしば登場しているのです。

■政府研究「核武装は可能だが持てぬ」

「非核三原則」を打ち出した佐藤内閣の時代、一九六七年から二年半にわたり、内閣調査室の主導で、日本の核武装に関する研究が行われていたことが明らかになっています。

この研究では、日本が近い将来に核武装することで有効な抑止力を構成する可能性が検討されました。その結論は、日本が少数の核爆弾を製造すること自体は可能であり、また、比較的容易といえるものの、技術、組織、財政面で多くの困難があり、また、政治的、外交的にも「できない」というものでした。

■日本の世論

加えて、核兵器の保有や使用に対する国民感情も重要な要素です。

広島、長崎の原爆を経験した日本では、根強い「反核世論」が存在します。ＮＨＫが二〇一五年に行った世論調査では、核兵器に対する考えとして、「保有も使用も良くない」と答えた人は全国で八一・二％に上りました。「保有は良いが使用すべきでない」（一四・一％）、「必要な時には使用しても構わない」（一・三％）との比較で圧倒的な多数派といえます。

日本の核武装の是非を問うたものとしては、北朝鮮による初の核実験後の二〇〇六年にテレビ朝日が実施した世論調査があります。「今後、日本はいままでの非核三原則を維持し続けるべきだと思うか。それとも将来は核兵器も持つべきだと思うか」の問いに対し、八二％が「非核三原則を維持し続けるべき」、一〇％が「核兵器を持つべき」、八％が「わからない、答えない」と回答しています。

日本の核武装に否定的な声が大多数を占める状況は、少なくとも予見しうる将来においては変わらないと思われます。一方、原爆投下から七五年近くが経過する中で、「記憶の風化」が問題視されていることも事実です。核武装論に一足飛びに行くものではないとしても、国会議員らを含め、人々の中で核

コラム　核軍縮に前向きな国会議員は誰？

日本の核武装に対する是非を含め、核問題に対する姿勢が選挙の争点になることはほとんどないのが現状です。そうした中、国会議員や候補者に核問題に対する姿勢を問い、その結果を可視化し、国会での核問題に関する議論活性化を狙ったオンラインツール「議員ウォッチ」（https://giinwatch.jp/）が興味深い情報を提供しています。核兵器禁止条約に対する国内自治体の意見書なども紹介されています。

兵器の保有や使用に対する抵抗感が低下しつつあることが懸念されます。

もっと考えてみよう

「日本は核兵器禁止条約に署名すべき？　すべきじゃない？」

メガネバシ　タカコ

「核兵器禁止条約に日本はまだ署名も批准もしていないよね。世界でただ一つの戦争被爆国なんだから、率先して署名して、核兵器廃絶を世界に向けてアピールすべきだと思うよ。」

イナサ　ジロウ

「でも日本の周りに核兵器を持っている国があるわけだし、アメリカの『核の傘』に頼る以外に日本の安全を守る方法はないんじゃないかな。アメリカに見捨てられたら日本はやっていけないよ。」

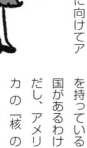

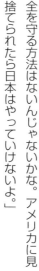

メガネバシさんとイナサくんは、それぞれ自分の考えをメモにまとめてみました。これを見ながら、皆さんも一緒に考えてみましょう。

メガネバシさんメモ「署名すべき」

- ✓核兵器の非人道性を前面に打ち出した条約に、「唯一の戦争被爆国」日本が反対するのは説明がつかない。
- ✓核兵器廃絶に向けたリーダー国として、日本に対する国際的な信頼が高まる。
- ✓日本が署名すれば、核保有国や他の「核の傘」国に対する圧力となる。
- ✓「核の傘」から出ることになるが、そもそも「核の傘」が本当に日本の安全を守っているのか疑問だ。別の方法を考える必要がある。
- ✓アメリカに核兵器以外の軍事力で守ってほしいと頼むこともできるのでは。
- ✓アメリカと日本は、経済的、文化的にも深く結びついている。「核の傘」から出ても日米関係が終わるわけではない。

イナサくんメモ「署名すべきでない」

- ✓日本周辺の安全保障をめぐる状況は不安定。いつ攻撃をされるかわからない中では、アメリカの「核の傘」に頼るしか方法はない。
- ✓核保有国が核兵器禁止条約に署名する見込みは低い。日本が署名しても同じ。
- ✓条約が採択されて、「持つ国」と「持たない国」の分断は広がった。日本はどちらかに与するのではなく、橋渡し役として溝を埋める努力をするべき。
- ✓日本が「核の傘」から出たいといえば、アメリカとの関係は悪化する。外交、経済面にも悪影響があるかもしれない。

もっと調べてみよう

日本の核関連政策について

- 外務省　https://www.mofa.go.jp/mofaj/gaiko/kokusai.html
- 防衛省　https://www.mod.go.jp/j/approach/agenda/guideline/2019/index.html

日本と「核の傘」について

- 太田昌克『偽装の被爆国―核を捨てられない日本』岩波書店、2017年
- 太田昌克『日本はなぜ核を手放せないのか―「非核」の死角』岩波書店、2015年
- 鈴木達治郎『核兵器と原発 日本が抱える「核」のジレンマ』講談社、2017年
- 田井中雅人『核に縛られる日本』KADOKAWA、2017年

核密約について

- 太田昌克『日米「核密約」の全貌』筑摩書房、2011年
- 西山太吉『沖縄密約―「情報犯罪」と日米同盟』（岩波新書）岩波書店、2007年

日本と核の平和利用について

- 日本原子力文化財団　https://www.jaero.or.jp/sogo/detail/cat-02-08.html
- 木村朗、高橋博子『核時代の神話と虚像―原子力の平和利用と軍事利用をめぐる戦後史』明石書店、2015年
- 鈴木達治郎、猿田佐世『アメリカは日本の原子力政策をどうみているか』（岩波ブックレット）岩波書店、2016年
- 中日新聞社会部編『日米同盟と原発―隠された核の戦後史』東京新聞出版局、2013年

日本の核武装について

- 中西輝政『「日本核武装」の論点―国家存立の危機を生き抜く道』PHP 研究所、2006年

第5章

核兵器をなくす仕組み

【イナサジロウさんの素朴な疑問】

核兵器廃絶のためにどんな仕組みが作られていますか？

Q27「核兵器のない世界」を実現する方法は？

核保有国も「核の傘」の下の国々も、口を揃えて「核兵器のない世界は究極の目標」といっている。ではなぜ実現できないのだろうか？

■核兵器廃絶は国際合意

まず押さえておきたいことは、「核兵器のない世界」という目標は、すでに国際的には合意されているということです。

第二次世界大戦が終結してまもない一九四六年、設立されたばかりの国際連合（国連）が採択した総会決議第一号は核兵器の廃絶を訴え、これを国際社会の悲願と位置付けました。それから現在までの七〇余年にわたり、この目標は国連総会決議やその他の合意文書の中で繰り返し確認されてきました。核保有国や「核の傘」の下の国々を含めて、「『核兵器のない世界』の実現は究極の目標」という点では一致しているのです。

■ゴールは一緒でも…

目的は一致しているのに、なぜ実現できずにいるのでしょうか。誰しもが不思議に思うところでしょう。実はこれが核兵器をめぐる問題の最も困難な点といってもよいと思います。

核兵器のない世界に向けたアプローチ

多国間の取り組み

核兵器を拡散させない
＝核不拡散条約（NPT）
核実験をさせない
＝包括的核実験禁止条約（CTBT）
核兵器の材料を作らせない
＝核分裂性物質生産禁止条約（FMCT）
核兵器の開発・保有・使用等を禁止する
＝核兵器禁止条約

地域的な取り組み

核兵器が存在しない地域を創る
＝非核兵器地帯条約

二国間の取り組み

米ロが保有核兵器を削減する
＝新戦略兵器削減条約（新 START 条約）、中距離核戦力全廃条約（INF）など

一国での取り組み

・核兵器について情報を開示する
・高い警戒態勢を解除する
・自国の核兵器を削減・廃棄する
・軍事・安全保障政策における核兵器の役割を低下させる

一言でいえば、ゴールは同じでも、そこにたどり着くための具体的な方法論で各国の意見が異なる、ということになります。

それぞれの条約等については次頁以降で詳しく説明しますが、まずは全体像を見ていきたいと思います。

「核兵器のない世界」の実現に向けた取り組みは、大きくは以下の四つに分けられます。

◆多国間の取り組み

国連などを通じて決議をあげたり、国際条約や合意をつくっていこう、といった努力です。核軍縮や不拡散のテーマで各国が集まり、議論を行う場としては、国連安全保障理事会（安保理）、毎年秋に開催される「国連総会第一委員会」、年に三会期にわたって主要六五カ国が集まる「ジュネーブ軍縮会議」などがあります。また、それぞれの国際条約の規定に基づき、条約に参加している国々が集まる

「締約国会議」等が開催されています。最もよく知られているものが五年に一度開催される「核不拡散条約（NPT）」再検討会議です（Q28「核保有国を縛る国際条約はありますか?」参照）。

◆地域的な取り組み

ラテンアメリカ、アフリカなど、特定の地域の国家が主体となって行う努力です。「非核兵器地帯条約」を結ぶことで核兵器の存在しない地域を作る取り組みはその代表的なものです（Q30「非核兵器地帯って何ですか?」参照）。

◆二国間の取り組み

主に、最大の核保有国である米国とロシア（ソ連）との間で合意されてきた条約などです（Q31「米ロ間でどんな合意や取り組みがされてきたのですか?」参照）。

◆一国による取り組み

一つの国が単独で保有核兵器の削減をしたり、核兵器に関する政策を変えたりすることです。たとえば一九九〇年代のはじめ、ジョージ・H・W・ブッシュ政権時代の米国は、韓国に配備していた核兵器を単独で引き上げたり、水上艦艇や攻撃型原潜に戦術核兵器を搭載しないという決定を行ったりしました。他の国の行動を待たずとも、核軍縮を進めるために一国でできることは多くあるのです。

Q28　核保有国を縛る国際条約はありますか？

核兵器廃絶を進める国際条約にはどんなものがあるのだろう？　核保有国も入っているのだろうか？

■核不拡散条約（NPT）

他国が保有する核兵器に対抗する最善の方法は、自らも核武装することだ――。冷戦の核軍拡競争が始まった頃、このような考え方に基づき、多くの国が核保有に進むだろうと考えられていました。アメリカのジョン・F・ケネディ大統領は、一九六〇年の演説で、六〇年代の終わりまでに一五～二〇の国が核保有することを予測していました。

しかし実際には、核兵器の保有に至った国は九カ国に留まりました。これに大きく貢献したのが一九七〇年発効の「核不拡散条約（NPT）」という国際条約です。

NPTには、五つの核保有国を含めた国連加盟国のほとんど、一九一カ国が参加しており、現存する軍縮条約の枠組みとしては最大のものになります。条約未締約国は、インド、パキスタン、イスラエル、南スーダンの四カ国です。北朝鮮は二〇〇三年にNPTから脱退宣言し、核兵器開発に進みました。ただし、北朝鮮が正式に脱退したと見るか否かについては異なる見解があります。

<核不拡散>

核兵器国は、他の国に核兵器を渡したり、非核兵器国が核兵器を持つことを支援したりしない（第１条）

非核兵器国は、核兵器を開発したり、製造したり、取得したりしない（第２条）

<核軍縮>

条約のすべての締約国、特に核兵器国は、核兵器ゼロの実現に向けて誠実に交渉する（第６条）

<原子力の平和利用>

すべての締約国に対し、原子力の平和利用の権利を認める。締約国は、平和利用の促進のために国際的に協力する（第４条）

■ＮＰＴの三本柱

ＮＰＴの三本柱と呼ばれるのが、「核不拡散」「核軍縮」「原子力の平和利用」です。「核不拡散」は、「核兵器を拡散させない」、つまり「これ以上核保有する国を増やさない」という約束です。次に、「核軍縮」ですが、英語の Disarmament という言葉には、「軍備撤廃」に近いニュアンスがあります。つまり「核兵器ゼロに向けて減らす」という約束です。加えて、締約国には、「原子力の平和利用」、すなわち、原子力発電などの軍事的以外の目的での核エネルギー利用が締約国の「奪い得ない権利」として認められています。

ＮＰＴは、締約国を二つに分類しています。条約が成立した一九六七年一月一日以前に核兵器を製造し爆発させた国（アメリカ、ソ連（ロシア）、イギリス、フランス、中国の五カ国）を「核兵器国」、それ以外の国々を「非核兵器国」と定義しています。

「核兵器国」と「非核兵器国」にはそれぞれ異なる条約上の義務が課されています。「自分たちはこれを守るから、君たちはそっちを守ってね」という関係です。つまり、NPTとは、「持つ国」と「持たない国」との間の「取り引き」を前提とした条約なのです。

■国際的な監視も

「平和利用」の名の下で入手した物質や技術を使い、こっそりと核兵器開発を進めていた、ということがないように、NPTでは、非核兵器国の核関連活動を国際的に監視する仕組みを設けています。核物質が核兵器製造に転用されないことを保障するためのこのような措置を「保障措置」といいます。これを担っているのが「核の番人」国際原子力機関（IAEA）です。NPTに入った非核兵器国は、IAEAとの間で保障措置協定を結び、IAEAの査察を受け入れる義務を負っています。

■しかし核軍縮は進まず…

NPTは、これら三本柱のすべてがきちんと守られているかを評価し、さらに前進させるための方法を検討する「再検討会議」の開催を定めています。一九七〇年に第一回の再検討会議が開かれ、その後五年毎にニューヨークの国連本部で会議が開かれています。

再検討会議では、参加国が話し合って全会一致の合意文書を作成することが目指されます。しかし、各国の意見の隔たりから、過去九回の再検討会議のうち、四回においては合意に至ることができませんでした。前回二〇一五年の再検討会議も失敗で終わっています。

NPTの三本柱は、相互に補強しあう関係にあります。「核軍縮」と「核不拡散」の義務は取り引きとして定められており、取り引きの一方がきちんと約束を守らなければ他方も崩れます。しかしながら、どの柱を重視し優先するかについて、各国間の姿勢には大きな溝が存在します。伝統的に、非核兵器国が核軍縮を重視するのに対し、核兵器国は自分たちの手を縛る核軍縮を嫌い、核不拡散問題が最優先、と主張してきました。

ＮＰＴは五つの核兵器国の核軍縮義務を定めた唯一の国際条約です。にもかかわらず、核兵器国の軍縮努力がなかなか進まないことに、非核兵器国からは強い不満が示されてきました。とりわけ、核兵器近代化に向けた動きなど、核兵器依存を強める核保有国の姿勢が大きな問題になっています。

次回の再検討会議は二〇二〇年春ですが、もし二〇一五年に続いて合意に失敗するようなら、各国のＮＰＴへの信頼がますます崩れることになると懸念されています。

Q29 核兵器禁止条約で本当に核兵器はなくなりますか？

核兵器禁止条約ができたけれど、核保有国は一国も署名していない。そんな条約に効果はあるのだろうか？

■核兵器の非人道性が基盤

二〇一七年七月七日、国連は、加盟国の三分の二近い一二二カ国の賛成をもって、核兵器禁止条約を採択しました。その名の通り、核兵器に関する活動を全面的に禁止する国際条約です。

条約の根幹にあるのは、核兵器の使用は例外なく非人道的であって、二度と使わせないためには完全な廃絶以外に道はない、という明確な認識です。その認識の下、条約の参加国が核兵器を作ることも、持つことも、使うことも、使うぞと脅すことも禁止しているのがこの条約です。

非核保有国でも、他の国が核兵器を持ったり使ったりすることを援助したり、そそのかしたりすることはできませんし、他国の核兵器を自国に配備させることも許されません。

また、核兵器禁止条約は、核兵器による被害者の権利を明記しています。条約に参加する国の中に核兵器の使用あるいは核実験の被害者がいる場合、その個人に対して国が援助をしなければならないことを定めています。また、その国が他国で核実験等を行って被害を及ぼした場合、適切な援助を提供する

核兵器禁止条約採択の瞬間（2017年７月７日、ニューヨーク国連本部）。撮影：ICAN

責任があることも明記されています。

さらに、核兵器禁止条約は、現在核兵器を保有している国が条約に参加することを決断した場合に踏むべき手続きについても定めています。

■持たない国が主役に

核兵器を全面的に禁止する条約が必要だ、という声は国際社会に長く存在していましたが、それが具体的に動き出したのは二〇一〇年頃です。核軍縮が進まない現状に危機感を募らせた赤十字国際委員会（ＩＣＲＣ）が声をあげ、続いてオーストリア、メキシコなどの国々が立ち上がりました。核兵器の非人道性に焦点を当てることで、核兵器を禁止し、廃絶への動きを加速させる新しい潮流を生み出そうとしたのです。

「人道アプローチ」と呼ばれるこの動きを牽引したのは、核兵器を持たない国々と、それを支える世界の多くの市民・ＮＧＯでした。それは、これまで核保有の大国主導だった世界の流れを大きく変える出来事でもありました。

■「悪の烙印」を押す

核保有国、そして「核の傘」の下の国々（Q23「「核の傘」ってずばり何ですか？」参照）は、核兵器禁止条約に一貫して反対の姿勢をとっています。少なくとも近い将来において、これらの国々が署名・批准に進む見込みは低いと言わざるを得ません。

核兵器による抑止が自国や同盟国、ひいては世界の平和と安定を保ってきた、と考えているこれらの国々は、核兵器禁止条約は安全保障を損なわせて各国を危険にさらし、また核軍縮を進める上でも役に立たない、と主張しています。

これに対して、この条約を支持する非核保有国や市民・ＮＧＯは、条約によって核兵器に非人道兵器としての「悪の烙印」が押され、その使用や保有の正当化が難しくなり、それが結果的に核軍縮を進める力になる、と考えています。

生物、化学兵器や対人地雷兵器の例でも明らかなように、禁止条約ができたからといって、直ちにその兵器がなくなるわけではありません。しかし、その兵器に対するイメージが変われば、国家、企業、市民の行動にさまざまな影響を与えます。たとえば、米国は対人地雷禁止条約に参加していませんが、対人地雷に対する国際社会の厳しい目を受け止めて、米国の国内企業は対人地雷兵器の製造を中止しました。

■変化は起きている

こうした核兵器禁止条約の持つ力を最大限に発揮させるためには、条約が一日も早く発効する（効力

コラム　核兵器にお金を貸すな

ICAN（核兵器廃絶国際キャンペーン）とオランダの NGO「PAX」の2019年６月の報告書「核兵器にお金を貸すな」によれば、核兵器製造企業に対し、世界28カ国325の金融機関が総額7,480億ドルにものぼる投融資を行っています。そうした金融機関の数は、核兵器禁止条約採択前の 369 よりも減少しており、そこには条約ができたことによる抑制効果が見られると PAX は評価しています。

日本においても、2018年11月、りそな銀行を傘下に持つりそなホールディングスが「核兵器・化学兵器・生物兵器等の大量破壊兵器や対人地雷・クラスター弾等の非人道的な兵器の開発・製造・所持に関する先（中略）への融資は行わない」と発表し、話題となりました。こうした取り組みは日本国内の地方銀行にも波及しています。

市民による銀行への働きかけは、私たちの生活に身近なところから核兵器廃絶という国際的な問題に取り組めることを示した、良い例といえるのではないでしょうか。

を持つ）ことが必要です。核兵器禁止条約は、五〇カ国の批准後、九〇日で発効すると定められています。二〇一七年九月二〇日に署名・批准（国会の承認）手続きが開始され、これまでに八〇カ国が署名、三五カ国が批准しています（二〇二〇年二月現在）。条約を推進してきた国々やＮＧＯは、早期の発効を目指して各国への働きかけを続けています。

核保有国、そして日本を含めた「核の傘」の下の国は一カ国も署名・批准していませんが、条約支持を政府に訴える地方自治体の声は大きくなっています。そこには核保有国の主要都市も含まれています（Ｑ37「市や町にできることってありますか？」参照）。

また、銀行などの金融機関に対し、核兵器製造企業への投融資を控えるよう求めるＮＧＯのキャンペーンも活発化しています（コラム「核兵器にお金を貸すな」参照）。

Q30 非核兵器地帯って何ですか？

世界には「非核兵器地帯」と呼ばれる場所があるらしい。核兵器がない地域、という意味らしいけれど、そのような地域をつくることにどんな意味があるのだろうか？

■世界に広がる非核兵器地帯

冷戦の対立構造が激しさを増す一九五〇年代から、非核兵器地帯をつくろうとする動きが各地で起きました。一九六七年には、人間が住む地域として初の非核兵器地帯がラテン・アメリカで実現し、続いて南太平洋、東南アジア、アフリカ、中央アジアの各地でそれぞれ非核兵器地帯が生まれました。これら五つの地帯に含まれる国の数は、国連加盟国の半数を超える一一〇カ国以上にのぼり、南極条約によって事実上の非核兵器地帯となっている南極をあわせると、南半球の陸地のほぼすべてが非核兵器地帯で覆われています。

非核兵器地帯は複数の国が条約を結ぶことによってつくられますが、モンゴルは一国で非核兵器地帯と同じ地位を持っていることを宣言し、国際社会に認知させるというユニークな政策をとっています。加えて、人間が住んでいない地域としては、南極のほか、宇宙や海底が条約によって非核化されています。

■非核兵器地帯の特徴

では非核兵器地帯とは何か、もう少し詳しく見ていきましょう。五つの非核兵器地帯条約には、共通して次の三つの特徴があります。

第一は、「核兵器の存在しない地帯」であることです。つまり、その地帯においては、核兵器を作ることも、持つことも、また、地帯外の核保有国が核兵器を持ってきて地帯内に配備することも禁止されます。

第二は、地帯に含まれる国に対して核兵器で攻撃することも、また、攻撃するぞという脅しをすることも禁止されている点です。五つの非核兵器地帯条約では、こうした禁止を明記した条約の付属文書（「議定書」）がつくられ、それに核保有国が署名、批准することで、「核攻撃しない、威嚇もしない」との国際法の縛りでしっかりと安全を保証しています。このように「～しない」と否定形で約束がなされることから、これを「消極的安全保証」と呼びます。

第三は、それぞれの地帯において、条約がきちんと守られているかを検証し、問題が生じた際には地帯の国々が協議するような機能を持った地域機構が設置されていることです。

■非核兵器地帯の意義

このような特徴を備えた非核兵器地帯をつくることには次のような意義があると考えられます。

まず、地帯に含まれる国の安全保障が強化されます。先ほど書いたように、非核兵器地帯の概念には、地帯に対して核保有国が核兵器の使用も、使用するとの脅しも行わないと約束をすることが含まれます。

このように、地帯に含まれる国は、自国で核兵器を開発したり、あるいは核保有国の「核の傘」（Q23「核の傘」ってずばり何ですか？」参照）に頼ったりしなくても、自国を核の脅威から国際法の力で守ることができるようになるのです。これが、非核兵器地帯がしばしば市民社会から「非核の傘」と呼ばれて称賛される理由です。

また、「核兵器の存在しない地域」となることは、地域が大国間の核軍拡競争や核戦争に巻き込まれる危険性を下げることにも繋がります。加えて、地域の国々の間で核武装の意図がないことを確認しあい、問題があれば話し合いで解決する地域機構が備わることで信頼が深まり、お互いに助け合える協調的な安全保障の仕組みをつくっていく一歩となります。これは、地域国家が相互不信に陥っている地域においてはとりわけ大きな意味を持つものです。

それから、非核兵器地帯の持つもう一つの重要な意義として、グローバルな核軍縮の推進に役立つという点があります。もちろん地域が非核兵器地帯となることがただちに核保有国の政策転換に結びつくということではありません。しかし、各地に非核兵器地帯が広がり、世界の半数以上の国々が「核兵器に頼らなくても安全は守れる」と主張しているという事実は、核兵器は国を守るために必要だと考える人々の意識を変え、廃絶に向けて世界を動かしていく力となるものです。

■地帯を広げる努力

このような意義を持つ非核兵器地帯をさらに広げていこうと、国際社会ではさまざまな努力が継続されています。その筆頭が中東と北東アジアの両地域です。

特に長い議論の歴史を持つのが中東地域です。パレスチナ問題をはじめ、イスラエルとアラブ諸国の間に歴史的に根深い対立と相互不信が存在するこの地域においても、非核兵器地帯の設立が提案されてきました。エジプトとイランが最初に国連に提案したのが一九七四年。九〇年にはエジプトによって、核兵器のみならず、生物兵器、化学兵器を含めた大量破壊兵器を地域からなくすことが提案されました。

一九九五年には、核不拡散条約（NPT）再検討・延長会議という国際会議の場で、「中東に関する決議」が採択されました。これにより、中東に核兵器も、その他の大量破壊兵器も存在しない地域（「中東非大量破壊兵器地帯」）をつくるというアイデアが、国際合意となったのです。

残念ながら、その合意から二五年が経とうとする現在も、中東の非大量破壊兵器地帯化は実現していません。核保有国であるイスラエル（Q20「各国の核兵器はどうなっているのですか？」参照）とアラブ諸国の対立が続いているほか、イランと米国の関係悪化も地域の安定に暗い影を落としています（Q22「イランは核兵器を持とうとしているのですか？」参照）。一方、二〇一九年一一月に中東非大量破壊兵器地帯の実現に向けた国連会議が開催されるなど、溝を埋めるための国際努力も継続されています。

北東アジアについては、中東の場合と異なり、政府レベルの公式議題とはなっていません。しかし、地域の研究機関やNGOを中心に、実現に向けたさまざまな提案がなされています。

現存する世界の非核兵器地帯

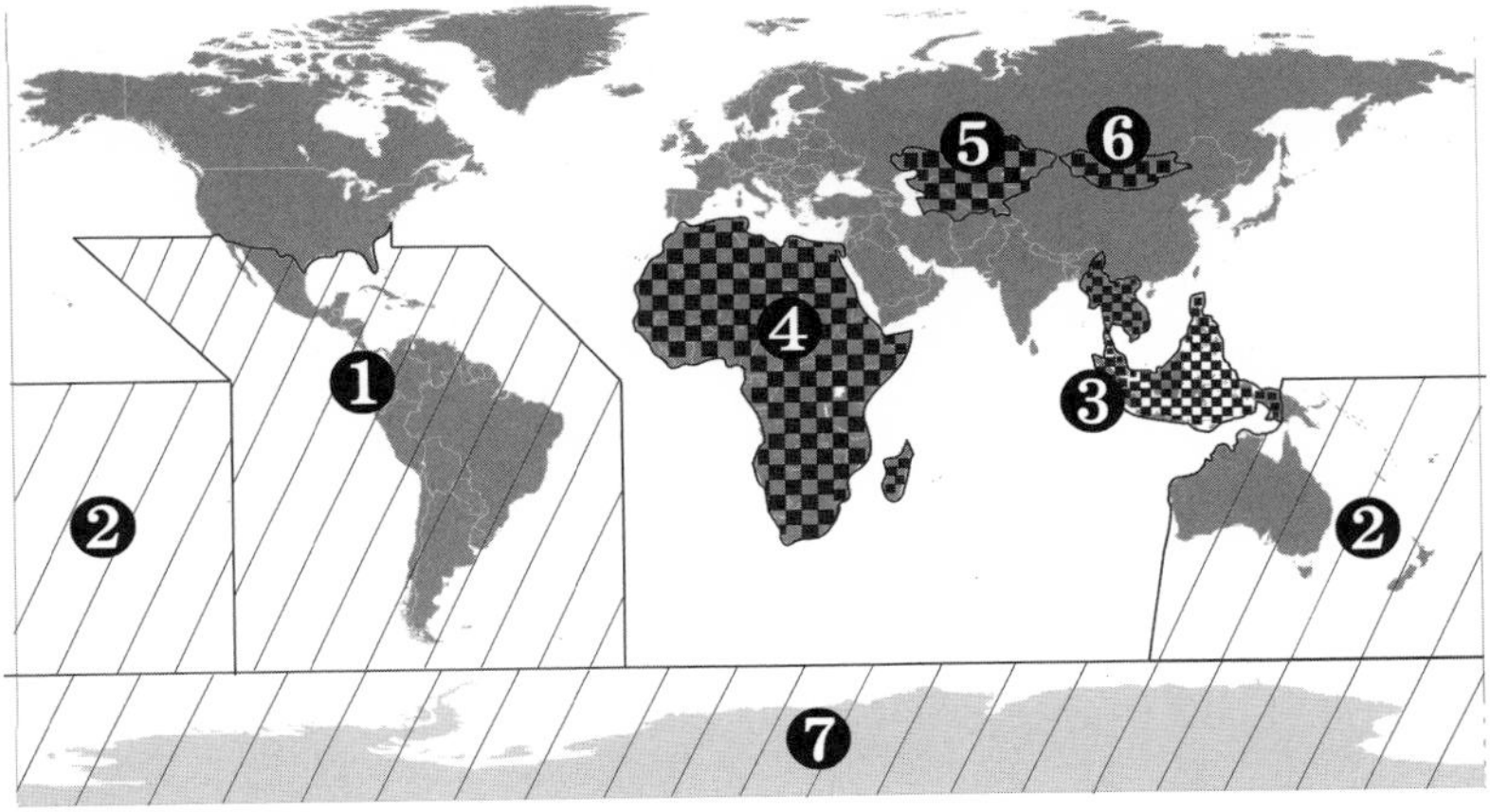

①ラテン・アメリカおよびカリブ地域における核兵器禁止条約（トラテロルコ条約）
●署名：1967年２月14日
●発効：1968年４月22日
●締約国：33カ国（全関係国）が署名、批准寄託

②南太平洋非核地帯条約（ラロトンガ条約）
●署名：1985年８月６日
●発効：1986年12月11日
●締約国：13カ国・地域が署名、批准寄託

③東南アジア非核兵器地帯条約（バンコク条約）
●署名：1995年12月15日
●発効：1997年３月27日
●締約国：10カ国（全関係国）が署名、批准

④アフリカ非核兵器地帯条約（ペリンダバ条約）
●署名：1996年４月11日
●発効：2009年７月15日
●締約国：51カ国・地域が署名、40カ国が批准

⑤中央アジア非核兵器地帯条約
●締結署名：2006年９月８日
●発効：2009年３月21日
●加盟国：５カ国（全関係国）が署名、批准寄託

⑥モンゴル非核兵器地位
●1998年12月４日、国連総会で一国の非核兵器地位を全会一致決議
●2000年２月３日、国内法制定

⑦南極条約
●締結署名：1959年12月１日
●発効：1961年６月23日
●加盟国：５核兵器異国を含む54カ国

Q31 米ロ間でどんな合意や取り組みがされてきたのですか？

核大国のアメリカとロシアが率先して核兵器を減らさなければ、なかなか核軍縮は進まない。両国はこれまでどんな努力をしてきたのだろうか？

■米ソ（ロ）の大幅削減

圧倒的な数を持つアメリカとロシアの二国がどれほど核軍縮に真剣に取り組むかが、「核兵器のない世界」実現へのカギを握るといえるでしょう。

両国の保有核兵器が大幅に削減されてきたことは事実です。アメリカは、退役・解体待ちを除いた核弾頭を三万一二五五発（一九六七年）から三八〇〇発（二〇一九年）へと、およそ八八％減らしました。ソ連／ロシアについては、四万一五九発（一九八六年）から四三五〇発（二〇一九年）へと、こちらも約八九％の削減となっています。

こうした削減は、主にアメリカとソ連（ロシア）が一九六〇年代末以降に断続的に行ってきた二国間での交渉と、その結果結ばれたさまざまな条約によるものです。

■米ソ「核均衡で戦争を防ぐ」

冷戦時代のアメリカとソ連は、お互いにとって大きな脅威であった戦略核兵器を制限しようと、条約や協定を結んでいきました。戦略核兵器とは、敵国の都市や主要な軍事施設などに対する攻撃を行うための核兵器です。一般的には威力が大きく、射程距離の長いものを指します。核弾頭を搭載してアメリカ本土からモスクワまで飛ばすことのできる「大陸間弾道ミサイル（ＩＣＢＭ）」（射程距離五五〇〇キロメートル以上）などがそれにあたります。他方、地域的な戦争や戦場での使用を想定した、より小型の核兵器を「非戦略（戦術）核兵器」と呼びます。

この時代にアメリカとソ連が目指していたのは、核兵器を減らしてゼロに向かうことではありません。両国は、相手に決定的な打撃を与えられる核戦力をお互いが持ち合い、核の均衡をとることで抑止力が働き、核戦争を防ぐことができる、と考えていました（Q19「核保有国が保有を続ける理由は何ですか？」参照）。したがって、両国が合意した条約や協定は、核戦力の現状維持、場合によっては増強をも認めるものでした。

■転機となったＩＮＦ全廃条約

冷戦時代が終わりに近づいた一九八七年、米ソは「中距離核戦力（ＩＮＦ）全廃条約」を結びました。両国が保有する五〇〇～五五〇〇キロメートルの射程距離を持つ地上発射型ミサイル（搭載可能な弾頭は核・非核を問わない）の全廃を定めた条約であり、ヨーロッパを戦場とする核戦争の勃発を防ぐ狙いがありました。両国あわせて約二七〇〇基のミサイルが廃棄されました。

ＩＮＦ全廃条約は、二大核大国が歴史上初めて、特定の種類の核兵器の全廃に合意した条約です。それは、冷戦終結に繋がる重要な流れを作るものでした。

この条約の重要性として、双方の核戦力に関する定期的なデータ交換や、提供された情報の正確性を確認するための現地査察などを含む、詳細な検証制度を導入した点も挙げられます。両国がお互いに不信を抱くことなく削減を進めていくための仕組みとして、その後のＳＴＡＲＴＩ、新ＳＴＡＲＴ条約にも同様の検証制度が盛り込まれました。

しかし、歴史的な役割を果たしたＩＮＦ全廃条約は、崩壊の運命をたどります。二〇一九年二月、トランプ政権がロシアの条約違反や中国のミサイル開発を理由に条約脱退を正式に表明し、ロシアもそれに続きました。条約は二〇一九年八月に失効しました。

■戦略兵器の削減へ

もう一度歴史に戻りましょう。冷戦が終わり、国際環境が大きく変わった一九九一年以降、アメリカとソ連（ロシア）の両国は戦略核兵器の制限から削減へと舵を切り、いくつかの条約を結んでいきます。その最新のものが、オバマ大統領（当時）の主導で二〇一〇年に締結された「新戦略兵器削減条約（新ＳＴＡＲＴ条約）」です。同条約は、配備された戦略ミサイルや爆撃機の数を七〇〇基（機）、それらに搭載する核弾頭数の上限を一五五〇発とすることなどを定めました。

新ＳＴＡＲＴ条約の定める目標はけっして高いものではありませんでした。事実、条約発効時のロシアの配備戦略核弾頭は一五三七発で、条約の上限をすでに下回っていました。二〇一八年、両国は条約目標が達成されたことを発表しました。しかし、データ交換や現地査察などの検証措置の実施は継続し、両国の信頼醸成に役立ってきました。

■米ロの「縛り」がなくなる

現在、二国間の核兵器削減に向けた枠組みは崖っぷちに立たされています。新ＳＴＡＲＴ条約が二〇二一年に期限を迎えるため、本来であれば新しい二国間条約の締結に向けた話し合いを始めることが期待されていました。しかしアメリカとロシアの関係が悪化している今、新しい条約はおろか、新ＳＴＡＲＴ条約の延長（もし米ロ両国が合意すれば、最長五年の延長が可能）に関する合意の見通しも立っていません。

もし二〇二一年までに何らかの合意に至らなければ、一九七〇年代以降初めて、アメリカとロシアの間に軍備管理・軍縮に関する法的な縛りが存在しない状態になります。緊張緩和や信頼醸成に繋がる検証制度ももちろんなくなります。

■核軍縮に背を向ける米ロ

保有核弾頭やミサイルの削減数だけ見れば、両核大国はそれなりの成果を上げてきたといえるかもしれません。しかし、両国の核兵器への依存の度合いは冷戦時代と変わらず、むしろ違う形で深まっているといえます。お互いやその他の国の核の脅威を理由に、自国の核戦力強化を正当化し、新たな核・ミサイル開発に進んでいる両国が、核不拡散条約（ＮＰＴ）に基づく核軍縮義務を履行しているとは到底言い難いでしょう（Ｑ20「各国の核兵器はどうなっているのですか？」参照）。

大国を縛る国際的な枠組みがなくなることは、こうした状況をさらに悪化させ、核兵器使用の危険性を高めるものとなります。事実、前述したＩＮＦ全廃条約の失効を受け、アメリカは条約が禁止していた中距離ミサイルの開発に着手し、欧州やアジアへのミサイル配備の可能性にも言及しています。ロシアや中国は対抗措置をとると明言しており、核を含む三つ巴の軍拡競争に拍車がかかろうとしています。

Q32 核兵器を手放した国はありますか？

一度手にした最強の武器を手放す国があるとは思えない。この世界から核兵器がなくならないと思う理由として、そんな意見を聞くことがある。実際はどうなのだろうか？

■核廃棄に進んだ南アフリカ

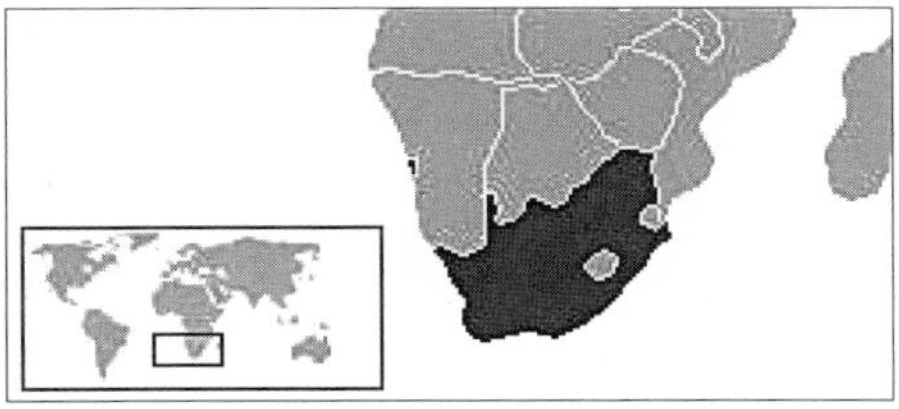

「核を捨てた」国、それは南アフリカ共和国です。

核爆発装置の開発を断念、放棄した国は一定数存在しますし、旧ソ連の核兵器が配備されていたカザフスタン、ベラルーシ、ウクライナの三カ国のように、独立後に核兵器をロシアに移し非核兵器国となった国もあります。しかし人類史上、自ら製造した核爆発装置を自発的に解体した国は、南アフリカをおいて他にありません。

一九九三年三月二四日、南アフリカのデ・クラーク大統領（当時）は、同国がかつて六つの完成した核爆発装置を保有していたこと、そして一九九一年七月までにそれらのすべてを廃棄したことを公表しました。

なぜ南アフリカは核兵器保有、そして自主廃棄という道を進んだのでしょうか。

■アパルトヘイト政策と核兵器

世界有数のウラン輸出国の一つである南アフリカは、平和利用の名の下、米国の支援で核関連技術を得たのち、一九六〇年代初頭から秘密裡のウラン濃縮計画に着手しました。「アパルトヘイト（人種隔離政策）」に対する批判で国際的な孤立を続ける南アフリカは、キューバ軍のアンゴラ駐留など同国を取り巻く厳しい国際情勢を受け、一九七〇年代に入り軍事目的の核開発へと舵を切っていきます。

一九八九年九月のデ・クラーク大統領就任時までに、南アフリカは六つの核爆発装置を完成させていました（七つ目は製造途中）。しかし冷戦が終結し、アンゴラ紛争も解決に向かうなど、同国周辺の安全保障環境は大きく改善しました。翌九〇年二月、デ・クラーク大統領は核爆発装置の解体を決定します。これは、反アパルトヘイトの指導者ネルソン・マンデラが刑務所から釈放され、黒人を中心とするアフリカ民族会議（ＡＮＣ）などの政党が合法化された時期と重なります。

デ・クラーク大統領の決定の背景には、前述したような安全保障環境の変化とともに、自らの白人政権の限界が見えていたことも挙げられます。黒人政権の誕生が時間の問題となる中で、彼らの手に核兵器が渡れば人種対立で国内が混乱することが予想されました。そこで核兵器の放棄とアパルトヘイトの廃止の両方に進む判断になったとの分析があります。他方、ＡＮＣなどの黒人勢力が自ら核を放棄したという主張もあります。

■南アの事例から学べることは？

一九九一年七月、核放棄した南アフリカは、核不拡散条約（ＮＰＴ）に非核兵器国として加入しました（Q28「核保有国を縛る国際条約はありますか？」参照）。同年九月、国際原子力機関（ＩＡＥＡ）との間で包括的保障措置協定が結ばれ、国内の核施設に対する査察が始まりました。一九九五年、ＩＡＥＡは、すべての査察が完了し、南アフリカの完全な核放棄が達成されたことを宣言しました。

自主的な核兵器廃棄からのＮＰＴ加入、そして国際機関による検証と完全な非核化の達成へ。南アフリカが辿ったこの道のりは、非核化プロセスのモデルの一つとして、北朝鮮の核問題などにも重要な示唆を与えるものとなっています。

核放棄から現在に至るまで、南アフリカは核軍縮・不拡散に積極的な国の一つとして国際社会における地位を築いてきました。一九九八年以降は、ブラジル、エジプト、アイルランド、メキシコ、ニュージーランド（スウェーデンも入っていたが脱退）とともに「新アジェンダ連合（ＮＡＣ）」という国家グループをつくり、国連決議案の提出などを通じて核軍縮の前進に向けた国際的な発信を強めてきました。二〇一七年の核兵器禁止条約採択に向けた人道イニシアティブにおけるリーダーシップも記憶に新しいところです。核を放棄した国だからこその説得力を持った行動といえるでしょう。

もっと考えてみよう

「『核兵器のない世界』は本当に実現できる？」

イナサ　ジロウ

「これまで核兵器についていろいろ勉強してきたけど、知れば知るほど、『核兵器のない世界』の実現は無理なんじゃないかって気がしてきた。核兵器は、軍事的にも外交的にも究極のパワー。一度手に入れた力や地位を手放すなんて考えられないよ。」

カステラ　ヨウコ

「私は反対に、ちょっと希望が出てきたな。今まで考えていたより、世界ではいろんな取り組みが行われてきたことがわかったし、不可能といわれていたことも現実のものとなっている。私たちの時代には、世界はもっと変わっていけるんじゃない？」

イナサくんとカステラさんは、それぞれ自分の考えをメモにまとめてみました。これを見ながら、皆さんも一緒に考えてみましょう。

イナサくんメモ

✓核兵器が存在する限り、持っている国は「核抑止力」で自国を守ろうとする。どの国も同じように考えているから、核兵器は結局なくならない。
✓核兵器を持てば国際社会の中で大きな発言力を得ることができる。だから持っている国がわざわざ先に手放すことはしない。
✓核兵器の材料や技術は残るわけだから、仮に一度なくなってもまた作る国は出てくる。
✓もし仮に核兵器がなくなったら、世界はより不安定になって、戦争が起きやすくなる。
✓もし核兵器がなくなるとしたら、それは核兵器にとって代わるような新しい強力な兵器が誕生してからだ。

カステラさんメモ

✓核抑止力では国や人々を守ることはできない。核兵器に対する価値観は変わってきている。核兵器禁止条約が実現したのがその証拠だ。
✓核を持つ国の中でも、核兵器禁止条約を支持する世論の高まりがある。
✓非核兵器地帯の形で、地域的には「核兵器のない世界」は実現できている。
✓核兵器をこっそり作ったり持ったりしないように、監視や検証をする技術の開発も進んでいる。
✓インターネットやSNSの発達で、世界の人々が協力しやすい環境ができている。市民社会の力はますます大きくなっている

もっと調べてみよう

核軍縮・不拡散について

（第3章「もっと調べてみよう」の「各国の核戦略について」項目も参照のこと。）

- 国連軍縮局（UNODA） https://www.un.org/disarmament/（英語）
- Reaching Critical Will http://www.reachingcriticalwill.org/（英語）
- 国際原子力機関（IAEA） https://www.iaea.org/
- 秋山信将他『NPT 核のグローバル・ガバナンス』岩波書店、2015年
- 梅林宏道、ピースデポ他『イアブック「核軍縮・平和2018」』緑風出版、2018年
- 黒澤満『核軍縮は可能か』（信山社ブックレット）信山社、2019年

核兵器禁止条約について

- ICAN（International Campaign to Abolish Nuclear Weapons） https://www.icanw.org/（英語）
- 外務省（核兵器禁止条約の日本語暫定訳を掲載） https://www.mofa.go.jp/mofaj/dns/ac_d/page23_002807.html
- 安斎育郎、林田光弘、木村朗『核兵器禁止条約を使いこなす』かもがわ出版、2018年
- 川崎哲『新版　核兵器を禁止する―条約が世界を変える』（岩波ブックレット）岩波書店、2018年

非核兵器地帯について

- 長崎大学核兵器廃絶研究センター（RECNA）北東アジア非核兵器地帯 http://www.recna.nagasaki-u.ac.jp/recna/asia/jrj-workshop-20190522
- 梅林宏道『非核兵器地帯―核なき世界への道筋』岩波書店、2011年

核兵器を放棄した国について

- 北野充『核拡散防止の比較政治―核保有に至った国、断念した国』ミネルヴァ書房、2016年

第6章

核兵器と私たち

【カステラヨウコさんの素朴な疑問】

核兵器をなくすためにできることって何ですか？

Q33 市民やNGOにできることって何ですか？

結局、核兵器についての政策を決めるのは国や国連などの国際機関。私たちにできることはあるのだろうか。

■人々の声が条約をつくった

ノーベル平和賞受賞式でのサーロー節子さん（広島被爆者）（中央）とベアトリス・フィン ICAN 事務局長（右）（2017年12月10日、オスロ）。撮影：ICAN

二〇一七年一〇月、ノルウェーのノーベル委員会は、同年の平和賞をＩＣＡＮ（核兵器廃絶国際キャンペーン）に授与すると発表しました。二〇〇七年に発足したＩＣＡＮは、一つの組織ではありません。世界一〇三カ国で活動する五四四の市民団体（二〇一九年一二月末現在）が、「核兵器を禁止し、廃絶に向かおう」との目的の下に結集した、国際的なネットワークです。

核兵器禁止条約の実現に向けて、ＩＣＡＮは、核兵器の非人道性を訴える各国政府や自治体、そして広島、長崎の被爆者をはじめこの問題に関心を持つ多くの一般の市民とともに、世界的なキャンペーンを展開してきました。ノーベル平和賞は、その努力を称えて贈られたものです。

確かに、条約そのものを交渉したり、結んだりするのは国家の仕事です。ですがそれは核兵器の問題が私たち一般市民には関係ない、遠い世界の話であるということではありません。何十年にもわたって「自分と同じ苦しみを他の誰にも味わわせたくない」と訴え続けてきた広島・長崎の被爆者とそれを支える人々による取り組みは世界各地に広がり、多くの人々の共感を呼んできました。そうした声が、人を動かし、政府を動かし、ついには核兵器禁止条約採択の形で実を結んだといえるのです。逆にいえば、小さな一人ひとりの声があがらなければ、世界は変わらなかったのです。

■不可能といわれていた非核兵器地帯

核兵器は未だこの世界からなくなってはいません。しかし、世界が、より良い未来を信じて行動してきた人々の力によって、少しずつですが核廃絶に向けて前進してきたことも事実です。

今、世界の五つの地域において、核兵器のない地域を実現した非核兵器地帯が作られています（Q30「非核兵器地帯って何ですか?」参照）。すでに一一〇カ国以上が含まれる非核兵器地帯ですが、その第一号であるラテンアメリカで構想が出された当初は、「夢物語だ。実現するわけない」と一笑に付されたといいます。でもそれは現実のものとなりました。地域の三三カ国すべてが署名・批准しているのみならず、五つの核兵器国が消極的安全保証を定めた条約議定書に署名・批准を済ませています。

さらに歴史をさかのぼれば、奴隷制度が存在していた時代、多くの人々は、奴隷の存在を「普通のこと」と受け止めていました。女性に参政権がない時代は、そうした差別があることが「常識」でした。

ほんの数十年前まで、飛行機の機内でも、オフィスでも、電車のホームでもタバコが吸え、人々はそれを「当然」と思っていました。でもいろいろな「当たり前」は時代とともに変化しています。

核兵器の「当たり前」が変わる時代もすぐそこに近づいているかもしれません。

■できることは無限に

まずは核兵器をめぐる世界の現状に目を向け、知ることが第一歩になります。インターネットやSNSには世界中の情報があふれていますが、自分から手を伸ばさない限り、核兵器について知る機会は多くありません。意識して、情報を探ってみましょう。映画やドキュメンタリーもたくさんあります。

世界を動かした被爆者の声に耳を傾けてみましょう。日本全国に被爆者の組織があります。また、広島、長崎から被爆者を派遣してもらうこともできます。被爆の手記や講話の動画も数多く公開されています（Q36「被爆体験の「継承」ってどういうことですか?」参照）。

関連した活動を行っているNGOの活動や、自分の住む自治体の取り組みに注目してみましょう。核や平和の問題に関して、講演会などさまざまなイベントが行われています。情報を集めて足を運んでみましょう。忙しくて自ら活動に参加するのは難しい…という人も、すでに活動している人たちを寄付などで応援することはできます（Q35「核兵器廃絶を求めるNGOはどんなところがありますか?」、Q38「若者が行っている活動にはどんなものがありますか?」参照）。

核や平和の問題に関して、あらためて何か新しい行動を起こすことは大変かもしれません。でも、日常のちょっとしたことから、「核兵器のない世界」の実現に貢献することはできるのです。

Q34　日本で核廃絶の運動はいつ始まったのですか？

日本では核兵器廃絶に取り組む多くの団体が活動している。広島、長崎の原爆投下のあとすぐに核兵器に反対する運動が始まったのだろうか？

■占領下のプレスコード

敗戦から日本が再び主権を回復する一九五二年までの間、連合国軍総司令部（GHQ）は、占領政策の一環として、原爆被害に関する報道を厳しく規制していました。そのため、この時期に日本の他の地域の人々が得られた情報はきわめて少なく、原爆投下に対する怒りや悲しみを全国民が共有するという形になりませんでした。

日本の人々が広島、長崎の原爆の実相に目を向けるきっかけとなったのが、占領期が終わったあとの一九五四年に起きた「第五福竜丸」事件だったのです。

■ビキニ水爆実験

アメリカの主要な核実験場の一つとなったのが、太平洋マーシャル諸島のビキニ環礁とエニウェトク環礁でした（Q14「核実験はいつ、どこで行われたのですか？」参照）。一九五四年の三月一日、ここで「ブラボー」と名付けられた水爆実験が行われました。

広島原爆の千発分に相当する威力の核爆発を受け、巨大なキノコ雲とともに巻き上げられたサンゴの粉塵や砂は、放射性降下物（「死の灰」）として広い範囲に降り注ぎました。

このビキニ環礁から約一六〇キロメートル離れた公海で操業していたのが、静岡県の焼津を母港とする日本のマグロ漁船「第五福竜丸」です。二三名の乗組員全員が空から降ってきた白い粉を浴び、被曝しました。

■三度目の被ばくの衝撃

一四日後に船が焼津港に戻ってきた時、被曝した二三名は急性放射性障害を発症していました。新聞はこの事件を大々的に報道しました。広島、長崎の原爆投下と第五福竜丸の事件をあわせ、日本人が三度、原爆・水爆の被害を受けたという衝撃が日本を駆け巡ったのです。

第五福竜丸が持ち帰ったマグロやサンマなどからも放射能が検出されました。ビキニ周辺の海域で操業していた他の船も同様で、毎日大量の魚が廃棄処分されるようになりました。被災した日本の漁船の総数は八五〇隻以上、廃棄された魚も五〇〇トン近くに上ったといわれます。

毎日の食卓に上る魚が汚染されている——その恐怖から魚の売れ行きが落ち、水産業は大打撃を受けました。

生活がかかった人々は声をあげました。築地の漁業関係者による決議が最も初期のものですが、興味深い点は、単に経済的な損害への補償を求めるだけでなく、原水爆実験そのものの禁止に言及していたことです。

同様に、原水爆禁止の要求は、第五福竜丸の母港である焼津のある静岡県、同じく漁業の街の神奈川県三崎町といった自治体からも続き、全国に拡大していきました。

■「普通の人々」の運動

全国で高まった運動の中で、とりわけ重要な働きをしたのが、東京の杉並区の主婦たちが始めた署名活動です。家族の健康が脅かされる、といった強い不安感、危機感が主婦たちを原水爆禁止の署名活動に突き動かしていきました。それは生活者目線で行われた、女性主体で、自主的、組織的な新しい運動の始まりでした。

署名は急速に広まり、杉並から全国へ、さらには世界へと広がっていきました。

一九五四年八月、各地での署名をまとめるための「原水爆禁止署名運動全国協議会」が結成されました。そして翌五五年八月には、第一回目の「原水爆禁止世界大会」が広島で開催され、思想信条を超え、人道主義に基づき、国内外から人々が結集しました。同年九月時点で、全国の署名数は三二五九万に上りました。

平和運動や反核運動というと、政治的なことに関心がある一部の人々がやっている、というイメージを持つ人が多いかもしれません。しかし、日本の原水爆禁止運動の入り口を担ったのは、ごく普通の人々であり、求めたのは、核兵器の脅威から大切な命と毎日の暮らしを守りたい、という人間としてごく当たり前の要求だったのです。

Q35 核兵器廃絶を求めるNGOはどんなところがありますか？

ＮＧＯという言葉はよく聞くけれど、どういう団体のことを指すのだろう。核兵器廃絶のために活動している団体は日本だけでなく世界にもあるだろうか。

■「新しいスーパーパワー」

ＮＧＯ（Non-Governmental Organization）は、「非政府組織」と訳されます。文字通り、「政府でない組織」で、貧困・環境・平和・人権などのグローバルな問題に対して、利益を目的とせず、問題解決のために取り組む民間団体のことを一般的に指します。

組織の規模や形態に決まったものはありません。たとえば大学で任意のグループやサークルを立ち上げ、何かの社会問題に取り組んでいるのであれば、それもＮＧＯ活動といえるのです。

ＮＧＯを含め、社会問題に対して活動する人々のグループや個人は「市民社会」（Civil Society）と総称されます。コフィ・アナン元国連事務総長が「新しいスーパーパワー」と呼んだように、市民社会の力は国際社会の中でますます大きなものとなっています。

■NGOの強みと課題

核兵器廃絶に向けては、国家や国際機関にしかできないこともありますが、ＮＧＯだからこそできることもあるのです。

ＮＧＯの強みの一つは、国境を越えたネットワーク力です。国家の枠を超えて、問題意識を共有する人々が協力し、大きな影響力を行使することができます。インターネットやＳＮＳの普及によりＮＧＯの活動の可能性は飛躍的に広がりました。

署名活動などを通じて人々の想いを可視化させ、政策に反映させたり、専門知識を駆使して、国や国連に助言を行ったりもしています。単に「反対！」と叫ぶだけでなく、「もっと良い方法がある」と対案を提示することで、より良い社会の実現に具体的に貢献できるのです。

一方、多くのＮＧＯは資金難や人材不足など問題も抱えています。民主国家以外ではＮＧＯの活動がそもそも困難というところもあります。

■ＮＧＯの活動例

核兵器廃絶に取り組んでいるＮＧＯは世界各国に存在します。科学者、法律家、医学者、宗教者、自治体首長、国会議員、教師、元軍人、若者など、さまざまな職業、関心分野を持つ人々が、それぞれの専門知識や立場を活かして活動を行っています。

核兵器廃絶に取り組んでいる国際ＮＧＯの一部を紹介します。

国際 NGO の活動例

団体名	概要	関連ウェブサイト
核兵器廃絶国際キャンペーン（ICAN）	世界103カ国の544団体（2019年12月末現在）が参加する NGO の国際ネットワーク。核兵器禁止条約の制定を目指して2007年に立ち上がった。条約採択に向けた貢献が評価され、2017年にノーベル平和賞受賞。早期の条約発効を目指したキャンペーン活動を進めている	https://www.icanw.org/
アボリション2000	核兵器の禁止と廃絶のための条約の制定を目指して1995年に作られた NGO のネットワーク。世界90カ国の2000団体以上が参加	http://www.abolition2000.org/en/about/abolition-2000/
リーチング・クリティカル・ウィル	世界で最も歴史ある女性団体「婦人国際自由平和連盟（WILPF）」の軍縮問題担当部門。国連総会や核不拡散条約（NPT）関連会議の最新動向を伝えるなど、市民社会と国連を繋ぐ役割を担っている	http://www.reachingcriticalwill.org/
パグウォッシュ会議	世界の科学者が集い、核兵器廃絶をはじめとする科学と社会の諸問題を議論している。1955年に哲学者・数学者のラッセルと物理学者のアインシュタインが出したラッセル＝アインシュタイン宣言を実現するために1957年に設立された。1995年にノーベル平和賞受賞	https://pugwash.org/ 日本パグウォッシュ会議：https://www.pugwashjapan.jp/
核戦争防止国際医師会議（IPPNW）	核戦争防止のために活動する医師や医学生らの団体の国際ネットワーク。現在64カ国に支部がある。1985年にノーベル平和賞受賞	https://www.ippnw.org/ IPPNW 日本支部：http://www.hiroshima.med.or.jp/ippnw/ippnwnitsuite/
国際反核法律家協会	世界の法律家や法律家団体が参加する国際ネットワーク。核兵器廃絶、国際法の強化、国際紛争の平和的解決に向けた効果的なメカニズムの発展を目指して1988年に設立	https://www.ialana.info/about-us/who-we-are/ 日本反核法律家協会：http://www.hankaku-j.org/jalana01.html
平和首長会議	世界の都市が国境を越えて連帯し、核兵器廃絶に向かうべく、広島・長崎両市の呼びかけで設立された。163カ国・地域の7854都市が参加。日本国内の加盟都市数は 1732	www.mayorsforpeace.org/jp/
核軍縮・不拡散議員連盟（PNND）	核軍縮を政策に反映させるために設立された世界各国の超党派の国会議員によるネットワーク。PNND 日本はその日本支部である	http://www.pnnd.org/ PNND 日本：http://www.pnnd.org/ja
核兵器廃絶日本 NGO 連絡会	核兵器廃絶に向けて活動している日本国内の NGO のネットワーク	https://nuclearabolitionjpn.wordpress.com/

Q36 被爆体験の「継承」ってどういうことですか？

「被爆体験の継承」が必要だ、とよく聞くけれど、そもそも「継承」って何をすることなんだろう。いま現在、どんな取り組みが行われているのだろうか？

■「継承」とは何か

被爆者の高齢化がいわれて久しく経ちます。二〇一九年三月末現在で、全国の被爆者の合計数は一四万五八四四人、平均年齢は八二・六五歳です（被爆者手帳保持者の総数。厚生労働省調べ）（Q12「「被爆者」はどういう人を指すのですか？」参照）。

体験を語れる人が年々少なくなる現実を前に、「被爆体験の継承」にスポットライトが当たっています。メディアにも「継承」という言葉が頻繁に登場します。しかし、あらためてその意味を深く考える機会はあまりないのではないでしょうか。

「伝統芸能の継承」とは異なり、被爆体験については継承する側が同じ体験をするわけにはいきません。また、被爆者の体験は誰一人として同じものではない、きわめてパーソナルな性質のものです。それを「継承」するとは一体どういうことなのでしょうか。そして、そもそもなぜそのことが必要なのでしょうか。

■原点を忘れない

少し長いですが、二〇一三年八月九日の平和祈念式典で、長崎市の田上富久市長が読み上げた長崎平和宣言の一部を引用します。

「……かつて戦争が多くの人の命を奪い、心と体を深く傷つけた事実を、戦争がもたらした数々のむごい光景を、決して忘れない、決して繰り返さない、という平和希求の原点を忘れないためには、戦争体験、被爆体験を語り継ぐことが不可欠です。

若い世代の皆さん、被爆者の声を聞いたことがありますか。『ノーモア・ヒロシマ、ノーモア・ナガサキ、ノーモア・ウォー、ノーモア・ヒバクシャ』と叫ぶ声を。

あなた方は被爆者の声を直接聞くことができる最後の世代です。六八年前、原子雲の下で何があったのか。なぜ被爆者は未来のために身を削りながら核兵器廃絶を訴え続けるのか。被爆者の声に耳を傾けてみてください。そして、あなたが住む世界、あなたの子どもたちが生きる未来に核兵器が存在していいのか。考えてみてください。互いに話し合ってみてください。あなたたちこそが未来なのです。」

ここに継承の意義が述べられています。過去を忘れることは、過ちを繰り返すことに繋がります。過去から学ぶことで、私たちはよりよい未来を創ることができます。被爆体験は歴史の一ページではなく、今を生きる私たち自身への問いかけに他なりません。それを真摯に受け止め、考え、行動に結び付けていくことが、まさに継承なのではないか、とこの宣言は訴えているように思います。

■被爆者の声を伝えるために

これまでの何かの機会に被爆証言を聞いたことがあるという人もいるかもしれません。

しかし世界的には、広島、長崎の被爆体験を直接聞く機会に恵まれた人はごく少数です。日本に住む私たちの多くが世界各地の戦争・紛争についてあまり知らないのと同じように、世界の人々の多くも被爆の実相についてきわめて限定的な認識しか持っていません。

もちろんこれは海外に限ったことではなく、さまざまな世論調査から、日本国内においても、とりわけ若い世代における「記憶の風化」がはっきりと示されています。

このような現実を前に、被爆者の想いを繋げていこうと考える人々が、それぞれに工夫を凝らしながら、各地で試行錯誤を重ねています。

広島市では、二〇一二年から「被爆体験伝承者」養成の取り組みが始まりました。これは、被爆者にかわって被爆を体験していない世代が語るためのプログラムです。受講者は三年間の研修を通じて、体験なき「語り部」として活動できるように訓練を受けます。

他方、長崎市では、「家族・交流証言」事業を行っています。二世、三世など被爆者の家族あるいは交流のあった人々が被爆体験を引き継ぐ形で証言を行っていくことを推進するものです。

紙や映像といった既存の媒体に加え、バーチャル・リアリティなどさまざまな新しい技術を使って被爆の記憶を次世代に残そうという取り組みも進んでいます。

Q37　市や町にできることってありますか？

核兵器の問題は国が決めることであって、市や町がかかわるような問題ではないというイメージがある。核兵器廃絶に向けて自治体に何ができるのだろうか？

■自治体が声をあげる意義

核兵器の問題をはじめ、軍事や安全保障に関するさまざまな国際条約や国際合意などは、国家が主体となった場で議論されます。しかし、その合意がつくられるプロセスにおいて、人々の平和と安全を守るという責務を持つ自治体が意思表示をしていくことは重要なことであり、同時にそれは自治体にしかできない活動です。

何千、何万、あるいは何百万の市民の代表として自治体首長が核兵器廃絶への明確な意志を示すことは、核兵器廃絶に向けた世論形成において非常に大きな影響を持ちます。

■「非核宣言」の広がり

市や町の庁舎や街中で、「非核都市宣言」といった看板やモニュメントを見たことがある人もいるかもしれません。これは、その自治体が核兵器廃絶や「非核三原則」（Q24「日本政府の核政策はどうなっていますか?」参照）の堅持を求める内容の自治体宣言や議会決議を行った「非核宣言自治体」であることを意味します。二〇一九年一〇月一〇日現在、全国一六五〇自治体が宣言を行っており、その数は全自治体数の九二％にも及びます。

日本における非核宣言の歴史は古く、愛知県半田市が日本で初めての宣言を行ったのは一九五八年のことです。その後、米ソ対峙の緊張が続く八〇年代に、イギリスのマンチェスター市を始め、非核宣言を求める運動が世界各地に広がっていきました。そこにあったのは、大規模核戦争勃発への市民の強い危機感、そしてまずは自分の住む街から平和・軍縮の動きを作っていかなければならない、という人々の切迫した思いでした。

もちろん宣言しただけでは何も変わりません。そこで、宣言を行った国内自治体の横の連携を強化し、必要な支援を提供することで、それぞれの自治体の平和活動を活性化させようと八四年に設立されたのが「日本非核宣言自治体協議会」（事務局：長崎市）でした。会員自治体が行った平和活動の事例を紹介したり、平和担当の自治体職員に対する研修会を開催したり、各地での原爆展開催を支援するなど、さまざまな活動を行っています。

■世界に広がる「平和首長会議」

核兵器廃絶を目指す自治体のネットワークは世界規模でも広がっています。一九八二年に当時の荒木広島市長の呼びかけで設立された「平和首長会議」（当時の名称は「世界平和連帯都市市長会議」）には、二〇一九年一〇月一日現在で世界の一六三カ国・地域の七八三三都市が加盟しており、その数はさらに拡大の傾向にあります。日本国内の加盟都市は、全自治体の九六％に上る一七三二都市です。広島市が会長都市、長崎市など世界の一三都市が副会長都市を担っています。

核兵器禁止条約の実現に向けても平和首長会議は大きな役割を担いました。二〇一二年末に始まった条約交渉開始（採択後は「早期締結」）を求める市民署名には、現在までに二九〇万九四九筆もの署名が集っています。条約採択後間もない二〇一七年八月一〇日に長崎で開催された第九回総会では「核兵器禁止条約の早期発効を求める特別決議」を採択し、各国政府の条約参加をいち早く呼びかけました。

■支持は核兵器国の自治体でも

核兵器禁止条約が採択されて三年弱が経ちましたが、核兵器を保有する国々の反対姿勢が揺らぐ気配はありません。しかし、国内外の自治体においては、条約の採択を歓迎し、早期発効に向けて署名・批准を求める趣旨の決議や意見書が相次いで出されてきました。こうした動きは、非核保有国に留まらず、ICANのシティー・アピール・キャンペーンなどを通じて核保有国の自治体にも広がっています。

二〇一八年八月二八日には、全米最大の四〇〇〇万人近くの人口を擁するカリフォルニア州の州議会が核兵器禁止条約を支持する内容の決議を採択しました。このような支持の波は、ワシントンD.C.やパリなど核保有国の首都にも及んでおり、今後もさらなる広がりが予想されています。

Q38 若者が行っている活動にはどんなものがありますか？

核兵器の問題に関心がないわけではないけど、積極的に自分から参加するのは正直ハードルが高い。実際に活動している若者はどんなことをやっているのだろう？

■動き出した若者たち

核や平和の問題に関心を持っていても、実際に何かの活動に参加したことがあるという日本の若者は少数派です。

「話が難しそうでついていけない」「どうせ自分がやっても何も変わらない」「活動している人たちに怖いイメージがある」「どこで何をやっているのかよく知らない」「何かしたいけど、何をしていいのかわからない」「『意識高い系』と思われるのも嫌だし…」と、敬遠する理由は千差万別。でも同じように、最初は「自分には関係ない」と思っていても、ほんのわずかなきっかけで核問題と出会い、興味を持って活動を始めた若者たちもいます。

ここではそんな若者主体の活動をいくつか紹介します。

◆カクワカ広島

https://kakuwakahiroshima.jimdosite.com/

正式名称は「核政策を知りたい広島若者有権者の会」。主に広島に住む高校生、大学生や社会人がつくる緩やかなグループ。核兵器をなくすために、まずは市民の代表である国会議員に面会し、核兵器禁止条約への賛否を含めた姿勢を問い、情報を発信するというアクションを起こしている。

◆Peace Caravan 隊

https: //www. facebook. com/PeaceCaravanEducation/

長崎の大学生らを中心に、2016年以降、全国の小・中学校、高校等に、大学生ならではの「出前講座」を行う活動が始まった。そこから組織されたピースキャラバン隊は、「大学生が考える新しい平和教育」をテーマに、全国のさらに若い世代に核問題を一緒に考える機会を与えている。

◆高校生１万人署名活動

https://peacefulworld10000.com/shomeikatsudo

高校生平和大使募集をきっかけに集まった高校生たちが2001年に立ち上げた署名活動。毎年８月に集約された署名は高校生平和大使によって国連欧州本部に届けられている。これまでに提出した署名は100万筆を超えている。

「若者が活動するって大変??」

カステラ　ヨウコ

「核兵器の問題に関して、いろんなところで『若者の活動が大事だ』ってことがいわれるよね。期待されるのはわかるけど、はっきりいって若者が今ある活動に参加したり、新しく行動を起こしていくのはすごくハードルが高い。いろんな困難があることもわかってほしいよ。」

デジマ　タロウ

「わかるけれど、若者だからこそできるってこともあると思うんだ。どうせできない、どうせ変わらないっていう思い込んでる人が多いのも事実。まずは何か行動してみると変わるかもしれないよ。」

カステラさんとデジマくんは、それぞれ自分の考えをメモにまとめてみました。これを見ながら、皆さんも一緒に考えてみましょう。

カステラさんメモ

✓核兵器の問題は難しい。ニュースを見てもよくわからないし、知識がないと話題に付いていけない。
✓活動している人たちに怖いイメージがある。気軽に入っていける感じがしない。
✓どこで何をやっているのか、よくわからない。情報を入手することが難しい。
✓「政治的」な意見をいったり活動したりすることで、周りに「意識高い」と思われるのも嫌だし、インターネットやSNSで叩かれたりするのも怖い。
✓自分には社会的に何の力もない。影響力のある人がやればいい。
✓興味ある同世代の友達が周りにいないし、意見交換する場がない。
✓進学、就職など自分の環境も変わっていくし、持続して関心を持ち続けたり活動を続けることが難しい。

デジマくんメモ

✓これまでの活動のスタイルにこだわる必要はない。若者ならではの斬新なアイデアで新しいことを始めることができる。
✓世界中にこの問題に関心を持つ若い世代がいる。インターネットやSNSを通じて繋がっていくことができる。
✓難しい、固い話ばかりでなく、アートや音楽、スポーツといった切り口で取り組むこともできる。
✓活動を通じて、視野が大きく広がる。新しい人々との出会いもある。自分の成長に繋げていくことができる。就職にも役立つかもしれない。
✓自分のできることを、できる範囲でやっていくことで十分。無理する必要はない。
✓仲間を作り、創造的な活動をしていくことは楽しいこと。自分が楽しんで活動をしていくことが大事。

もっと調べてみよう

市民社会、NGO、自治体、被爆者の取り組みについて

（第２章「もっと調べてみよう」の「広島・長崎原爆の被害について」項目も参照のこと。）

- 小沢節子『第五福竜丸から「3.11」後へ―被爆者大石又七の旅路』（岩波ブックレット）岩波書店、2011年
- 川崎哲『核兵器はなくせる』（岩波ジュニア新書）岩波書店、2018年
- 原水爆禁止日本国民会議『開かれた「パンドラの箱」と核廃絶へのたたかい―原子力開発と日本の非核運動』七つ森書館、2002年
- サーロー節子、金崎由美『光に向かって這っていけ―核なき世界を追い求めて』岩波書店、2019年
- 全国被爆二世団体連絡協議会『被爆二世の問いかけ―再びヒバクシャをつくらないために』新泉社、2001年
- 第五福竜丸平和協会『第五福竜丸は航海中―ビキニ水爆被災事件と被ばく漁船60年の記録』2014年
- 日本原水爆被害者団体協議会『被爆者からの伝言―原爆の実相を語りつぐ』あけび書房、2006年
- 山本昭宏『核と日本人―ヒロシマ・ゴジラ・フクシマ』中央公論新社、2015年
- 和田長久『原子力と核の時代史』七つ森書館、2014年
- No Nukes　ヒロシマ　ナガサキ　フクシマ編集部『メッセージ＆フォトブック No Nukes　ヒロシマ　ナガサキ　フクシマ』講談社、2015年

被爆体験の継承について

- 宇吹暁『ヒロシマ戦後史―被爆体験はどう受けとめられてきたか』岩波書店、2014年
- 沖縄大学地域研究所編『戦争の記憶をどう継承するのか―広島・長崎・沖縄からの提言』芙蓉書房出版、2012年
- 直野章子『原爆体験と戦後日本―記憶の形成と継承』岩波書店、2015年
- 根本雅也『ヒロシマ・パラドクス―戦後日本の反核と人道意識』勉誠出版、2018年

■著者紹介

中村　桂子（なかむら　けいこ）

長崎大学核兵器廃絶研究センター（RECNA）准教授。

1972年、神奈川県生まれ。

米モントレー国際大学大学院国際政策研究修了。大阪女学院大学21世紀国際共生研究科博士後期課程在籍中。特定非営利活動法人ピースデポ（横浜）の研究員／事務局長を経て2012年より現職。

共著に『核の脅威にどう対処すべきか—北東アジアの非核化と安全保障』（法律文化社、2018年）他がある。専門分野は核軍縮、市民社会と核兵器廃絶。被爆地長崎の次世代育成に向けた軍縮教育プログラムに多数参加。

【協 力】 企画：冨塚　明／作図：阿比留　高広

Horitsu Bunka Sha

RECNA叢書5

核のある世界とこれからを考えるガイドブック

2020年4月10日　初版第1刷発行

著　者　中 村 桂 子

発行者　田 靡 純 子

発行所　株式会社 法律文化社

〒603-8053
京都市北区上賀茂岩ヶ垣内町71
電話 075(791)7131　FAX 075(721)8400
https://www.hou-bun.com/

印刷：㈱冨山房インターナショナル／製本：㈱藤沢製本
装幀：白沢　正／イラスト：ヤマモトシホ

ISBN978-4-589-04076-3

〔RECNA叢書1〕
ウォード・ウィルソン著／黒澤　満日本語版監修／広瀬　訓監訳

核兵器をめぐる5つの神話

A5判・一八六頁・二五〇〇円

「日本の降伏は原爆投下による」、「核には戦争を抑止する力がある」など、核兵器の有用性を肯定する理論が、史実に基づかない都合のよい〈神話〉に過ぎないことを徹底検証する。核廃絶のための科学的な論拠と視座を提供する。

〔RECNA叢書2〕
ハロルド・ファイブソン、アレキサンダー・グレーザー、ジア・ミアン、フランク・フォン・ヒッペル著／鈴木達治郎監訳／冨塚　明訳

核のない世界への提言

―核物質から見た核軍縮―

A5判・二〇四頁・三五〇〇円

核物質の専門家が科学技術の専門知識をもたない市民に向けて核物質の本質、実態と問題性を整理・解説。実現可能な核廃絶を追求し、核兵器製造と、それを可能にする核物質の生産・使用を終わらせる道を提言する。

〔RECNA叢書3〕
鈴木達治郎・広瀬　訓・藤原帰一編

核の脅威にどう対処すべきか

―北東アジアの非核化と安全保障―

A5判・二二八頁・三二〇〇円

北東アジアにおける核廃絶に向けて長期的、客観的な分析と提言の書。核廃絶の阻害・促進要因について、核抑止依存の実態、「トラック2」外交の可能性、安全保障環境の改善と非核化プロセスの検証に焦点をあて分析。

〔RECNA叢書4〕
山口　響監修

核兵器禁止条約の時代

―核抑止論をのりこえる―

A5判・二一四頁・三九〇〇円

核兵器をめぐって「規制」と「強化」という対立する二つの潮流がせめぎ合っている。この潮流について論究した英字学術誌 Journal for Peace and Nuclear Disarmament から一〇本を精選し邦訳した論考集。『補論』にて、せめぎ合うダイナミズムを本書からどう読み取るのかを補う。